黄金交易盈利策略

济卿凭　著

南方传媒 | 广东经济出版社
·广州·

图书在版编目（CIP）数据

黄金交易盈利策略 / 济卿凭著. — 广州：广东经济出版社，2020. 3（2025. 3重印）
ISBN 978-7-5454-6810-6

Ⅰ.①黄… Ⅱ.①济… Ⅲ.①金融市场—金融投资—研究 Ⅳ.①F830. 9

中国版本图书馆CIP数据核字（2019）第209193号

责任编辑：罗振文 周伊凌
责任技编：陆俊帆

黄金交易盈利策略
Huangjin Jiaoyi Yingli Celüe

出版发行	广东经济出版社（广州市环市东路水荫路11号11～12楼）
经销	全国新华书店
印刷	广州市豪威彩色印务有限公司 （广州市增城区宁西街新和南路4号一楼106房）
开本	787毫米×1092毫米 1/16
印张	15.75
字数	200千字
版次	2020年3月第1版
印次	2025年3月第3次
书号	ISBN 978-7-5454-6810-6
定价	68.00元

广东经济出版社官方网址：**http://www.gebook.com** 微博：**http://e.weibo.com/gebook**
图书营销中心地址：广州市环市东路水荫路11号11楼
电话：（020）87393830 邮政编码：510075
如发现印装质量问题，影响阅读，请与承印厂联系调换
广东经济出版社常年法律顾问：胡志海律师

博鳌亚洲论坛期间，作者与参会的华尔街风云人物、国际投资家吉姆罗杰斯先生见面会谈。

2019年11月，作者携《期货交易盈利策略》在美国华尔街纳斯达克大屏亮相，受到美国数十家著名新闻媒体联合报道。

目录

CONTENTS

第三章 K线组合及形成理论

第四章 K线形态及特征解析

第五章 MACD 指标与 BOLL 指标的应用

第一章
黄金投资的基本常识

导读

黄金投资的方式多种多样，并不局限于实物黄金的投资，还有对纸黄金、黄金期货、国际黄金等多种产品的投资，所以在当前黄金投资热度逐渐增强的市场，投资者对于黄金投资是否有一个完整系统的认识，关系到投资者能否在市场上获利。所以为了让大家能系统地认识黄金投资，本章节从对黄金投资的基本概述开始，详细介绍了国际黄金交易的历史与国内黄金投资市场的现状，以及和股票相比，黄金交易和投资的特点等，这对于刚开始接触黄金投资的朋友们来说，会对整个黄金投资的大环境有一个更加详细的了解。

Section 1

第一节 关于黄金的基本概述

黄金是化学元素金的单质形式，是一种软的、金黄色的、抗腐蚀的贵金属。金是较稀有、较珍贵和极被人看重的金属之一。一般国际上黄金都是以盎司为单位，中国古代是以“两”作为黄金单位。黄金不仅是用于储备和投资的特殊通货，同时又是首饰、电子、现代通讯、航天航空等行业的重要材料。黄金的化学符号为Au，Au的名称来自一个罗马神话中的黎明女神欧若拉（Aurora），意为闪耀的黎明。金融上黄金的英文代码是XAU或者是GOLD。

黄金作为一种贵金属，有良好的物理特性，“真金不怕火炼”就是指在一般火焰下黄金不容易熔化，它密度大，手感沉甸，韧性和延展性好，具有良好的导电性。黄金的颜色为金黄色，但掺入其他金属后颜色会有较大变化，如金铜合金呈暗红色，金银合金呈浅黄色或灰白色。金易被磨成粉状，这也是金在自然界中呈分散状的原因，纯金首饰也易因磨损而减少分量。纯金具有良好的抗化学腐蚀性，是最好的电镀材料。用指甲可在纯金上划出痕迹，这种柔软性使纯金非常易于加工，然而这点对黄金装饰品的制造者来说，又很不理想，因为这种特性很容易使黄金装饰品失去光泽以至影响美观。所以在用黄金制作首饰时，一般都要添加铜和银，以提高其硬度。

黄金，是当前受人追捧的投资品种。近年来，随着黄金价格的上涨，众多投资者纷纷把目光投向了黄金市场，黄金俨然已成为当今投资市场的一大新宠。当然，投资者选择黄金也非偶然，黄金投资与其他投资形式相比，还是存在着一些其他投资形式无法比拟的优势。

1.黄金的四种质地

熟金是生金经过冶炼、提纯后的黄金，一般纯度较高，密度较大，有的可以直接用于工业生产。常见的熟金有金条、金块、金锭和各种不同的金饰品、金器皿、金币以及工业用的金丝、金片、金板等。由于用途不同，所需成色不一，或因没有提纯设备，或只熔化未提纯，或提的纯度不够，形成成色高低不一的熟金。人们习惯上根据成色的高低把熟金分为纯金、赤金、色金、K金4种。

经过提纯后达到相当高纯度的熟金称为纯金，一般纯金能达到99.6%以上的成色。赤金和纯金的意思相接近，但因时间和地方的不同，赤金的标准与纯金有所不同，国际市场出售的黄金，成色达99.6%的称为赤金。而国内的赤金一般是指达到99.2%～99.6%成色的黄金。

色金，是指黄金内除含有白银外，还含有铜、锌、铅、铁等其他金属。根据所含金属种类和数量不同，可分为小混金、大混金、青铜大混金、含铅大混金等。

K金，是指银、铜按一定的比例，按照足金为24K的公式配制成的黄金。一般来说，K金含银比例大，色泽为青；含铜比例大，则色泽为紫红。

2.黄金的战略价值

黄金自古以来就在人类社会中扮演一个重要角色，古代因为受到科技的限制，商品经济发展有限，黄金开采量较多，因此可以直接作为支付手段。目前，在市场经济环境下，虽然各国实行信用货币制度，以国家信用作为保证，发行纸币进行支付，但是各个国家仍然会大量持有黄金，以扩大自己的黄金储备，从而保证在出现经济危机时能够使国家政治和经济保持稳定。随着世界经济发展呈现多极化的趋势，经济发展中的不确定因素对各国货币产生一定程度的冲击，美元、欧元等货币在世界各国外汇总储备中的重要性有所下降。黄金特有的保值和抗击通货膨胀的功能，使得世界各国都开始重视黄金在外汇储备中的作用。而在世界经济走势不稳定的环境下，很多国家的中央银行也在逐渐增加对黄金的需求。黄金官方储备的意义几乎都在于这三个方面：一是对抗通货膨胀，二是对抗经济动荡，三是平衡汇率风险。

3.对抗通货膨胀

长久以来，国家普遍都受通货膨胀问题的困扰。通货膨胀意味着各种资产的价格上涨，而黄金供应的稳定性使其价格仅受需求以及货币流通量的变化影响。在温和的通货膨胀下，投资者几乎感觉不到黄金投资的“诱惑力”。但是当通货膨胀加剧时，在一些极端的情况下，货币的实际购买力会下降，钞票就会变得如同废纸一般，而全球黄金量基本上没有增加，所以黄金的价格也会随着货币购买力的降低而迅速上涨，投资者投入黄金市场的钱就会得到有力的“保护”。

近几年，全球货币供应的扩张引起了人们对货币贬值的担忧。黄金，无疑是一张具有抵御货币贬值和通货膨胀这两种风险的价值的终极“保单”。它在全世界经济动荡以及一系列危机面前的“保险”作用也日益显著。货币会贬值，但黄金永远是黄金。要获得一盎司的黄金需要花费很多的人力、物力，而印刷10亿美元的货币只需要按一下机器按钮就可以了。黄金又被称之为“货币的基石”，它的保值性远远大于货币。

因此，黄金储备一向被中央银行视作防范国内通货膨胀、调节市场经济的重要手段，对于普通投资者而言，进行黄金投资是避免在通货膨胀中被蚕食的最佳方法。

4.卓越的避险功能

当世界政局和经济环境不稳定，尤其是发生战争或经济危机时，各种普遍的投资工具如股票、基金、房地产等都会受到严重的冲击，这时黄金就体现了很好的避险属性。即使遭遇经济危机，黄金的价格仍能维持不变甚至稳步上升，保持了资产的价值。而随着黄金矿产的不断被开采和市场需求的不断增加，黄金变得更加稀有，增强了自身的避险属性。

经济繁荣时期，个人有必要拥有一些黄金，未雨绸缪。黄金可以作为一种投资品，但并不一定只是为了从中获利，正如人们购买保险并不是为了获得那份赔偿金一样。

2008年的那场金融危机，使全球经济一度处于萎靡的状态，金融市场的崩溃局面波及了各行各业。虽然在这场金融危机中，金价也曾出现下跌，但是相对其他资产种类而言，黄金依然是受金融危机影响最小的种类。况且，当时金价的下跌只是一些投资者为了筹集资金而被迫抛了一部分黄金仓位所致，随后金价便很快回升。金价的这种短暂下跌并没给黄金市场带来太大的影响，反而愈发显示出黄金在应对金融风险时与其他投资品相比所具有的避险优势。

事实上，黄金所起到的避险作用并不仅仅体现在金融上，在各种类型的政治威胁和不可预料的大灾难前，黄金也成为了人们手上的安全保障。如2010年希腊遭遇债务危机时，希腊的黄金溢价飙升，黄金需求增加；又如日本在遭遇“3·11”大地震后，其国民纷纷买入黄金来重塑灾难前的“安全感”。

可见，黄金具有其他投资品种难以比拟的避险属性。

5.市场难以被操控

在地区性的股票市场中，人为操纵市场的情况比比皆是。但是黄金市场属于全球性的投资市场，没有任何个人或财团有足够的资金能够操控全球黄金市场，正因为黄金市场是一个透明的有效市场，所以黄金投资者可获得很大的投资保障。因此黄金价格能够一直保持在反映实际供求关系的水平上。

6.不易崩盘

股票和房地产市场都有发生崩盘的风险，一旦崩盘，投资者将血本无归。黄金是不可再生的稀有金属，已开采的总量超过地球蕴藏量的一半，未来黄金供给量只会越来越少，这使得黄金价格保持上升趋势，即使中间时有波动，但长期而言，黄金价格仍将稳定上升。1944年黄金价格是每盎司35美元，如今黄金价格已超过每盎司1300美元，投资黄金不会像投资股票和房地产那样遭遇市场崩盘的情形。

7.国际黄金可24小时交易

黄金不是专属于某个国家的交易品种，而是全球通性的交易产品。因此当一个国家的黄金市场休市时，地球对面另一个国家的黄金市场正在开市，活跃的黄金市场24小时都有实时报价，因此可以随时进行交易。

8.世界通行

古代世界各地的人们都视黄金为出远门的最佳盘缠，截至2019年，黄金仍然是世界通行的货币。只要手中拥有真正的黄金，在世界各地的银行、首饰商、金商处都能够把黄金兑换为当地的货币，真正可以实现全世界通行无阻，它的货币地位比美元还要稳固。另外黄金也是全世界都认可的资产，所有国家的人们对黄金的贵重价值都有共识。黄金是世界上最好的抵押品，由于黄金是一种国际公认的物品，根本不愁没有买家承接，所以一般的银行、典当行都会给予黄金90%以上的短期贷款。

9.价值稳定恒久

几乎所有的奢侈品都会遇到折旧的问题，比如名包、名表、名车等。崭新买回来时已经无法原价出售，使用过之后更是贬值得厉害，可能连原价的一半都不值。房屋和地皮是否能永久保值呢？且不说中国内地施行的70年房屋使用权，时间长了之后房屋的维护和保养都是一笔很大的费用。地皮同样无法永久保值，一旦出现天灾人祸，就会令地皮的价值大幅下降。

但黄金不存在折旧的问题，其光辉和价值是永久的。黄金本身所具有的属性决定了它存在的价值。一般的商品都会在时间的作用下出现不同程度的磨损和老化现象。而黄金虽然表面会失去光泽，但其质地却不会发生变化，经过锻造、打磨或清洗，它便又能以光鲜的姿态呈现。总之，黄金是一种永久性的物质，它不会随着时间的长久而贬值，也不会因世界的破坏而改变其本身的性质。

10.黄金在税收上的相对优势

黄金投资是世界上税务负担最轻的投资项目。相比之下，其他很多投资品种都存在一些让投资者难以忽略的税收项目。特别是遗产税，如果想将财产留给下一代，最好的办法就是将财产变成黄金，然后由下一代再将黄金变成其他财产，这样将彻底免去高昂的遗产税。黄金转让非常便利，没有任何登记制度的阻碍，而诸如住宅、股票的转让，都要办过户手续。例如打算将一栋住宅和一块黄金送给自己的子女，黄金转移方便，让子女搬走就可以了，但是住宅过户就要多增加很多额外费用。由此看来，这些资产的转移在免除税收方面都没有黄金这么优越。

Section 2

第二节 黄金交易和投资的特点

股票和黄金两者都是很好的投资理财工具，都是周一到周五开盘（除节假日），周六周日休市；都采用K线图来看盘，运用相应的趋势指标、震荡指标、走势图形；交易所（上海证券交易所，深圳证券交易所，上海期货交易所）都是由政府设立的；都需要开设专门的投资账户，资金都需要在银行进行第三方存管。但两者的交易机制还是有很多方面的不同。

区别如下：

（1）股票一天只有4小时开盘交易（上午9:30—11:30，下午1:00—3:00），而黄金交易24小时不间断。

（2）股票采用“T+1”交易，当天建仓，第二个交易日才能平仓，而黄金交易采用“T+0”交易，可以随时买卖，随时建仓平仓。

（3）股票采用100%保证金交易，买10万元的股票，必须投入10万元的资金；而上海期货交易所的黄金期货最低保证金为7%，可以达到14倍的杠杆，提高了资金的使用效率。

（4）股票只能买涨不能买跌，行情上涨，才能赚钱，行情下跌就会亏钱；而黄金交易不但可以买涨（做多），同时还可以买跌（做空），双向交易，只要有技术，买对未来方向就可以实现盈利。

（5）股票有3000多只，涨跌不同步，选股需要花大量的时间和精力，很可能出现大盘涨而自己买的股票却下跌的情况；黄金交易就一个图形，就类似于一只股票，只需要花少量时间即可以判断出行情的涨跌。

（6）股票有涨跌幅限制，有涨跌停板，最大涨跌幅10%，涨跌时会出现买卖不能及时成交的现象；而黄金交易没有涨跌限制，盈利空间要大很多，不用担心跌停卖不掉，随时可以成交。

（7）股票是区域性的，而国际黄金交易是全球性的，成交额巨大，每天成交量在几十万亿人民币以上，并且黄金交易跟随国际金价走势，不存在人为操纵的情况。

（8）股票的信息披露有延迟性，有的都是等股票暴涨或暴跌后才披露相关消息的，而黄金交易每天会早早把今日将公布的重大消息的时间公布出来，每个人都看得到。

（9）股票交易软件不能设置止盈止损，交易过程中容易出现跳单严重套牢现象，而黄金交易软件可以设置止盈止损，能有效控制风险，扩大盈利。

Section 3

第三节

黄金交易名词含义解析

黄金投资专业名词

做多　就是买涨，和股票一样，你在某个价位买进，当金价上涨，就盈利。

做空　就是买跌，和做多是相反的，在某个价位卖出，当金价下跌，就有钱赚。简单地说，当你认为未来一段时间黄金的价格是向下跌的，那就选择买跌（做空），如果行情接下来真的跌下去了，那就赚钱了。我们中国投资者习惯做多，一般比较难接受做空这个理念，而在欧美等发达国家，做空的威力远远强大于做多。关注我们国内商品期货交易品种的朋友可以留意一下，所有品种都是上涨缓慢，但跌起来却非常迅猛。

点差　所有的平台报价中，买价和卖价不一样，像汇率一样，有个价差，是平台商设置的投资者的交易成本（平台商赚的钱）。一般有“固定点差”和“浮动点差”两种。比如香港平台都是固定的5个点的点差，有的欧美平台点差甚至只有3～4个点；浮动点差在行情淡时会小些，在行情剧烈波动时就会很大，多的可达到几十个点。

手续费　除点差之外，一般平台也会设置交易手续费用，也叫交易佣金，一般业务人员会尽量避开这些敏感话题，不会主动跟投资者提及。同样以香港平台为例，5个点的点差之外，也会有5个点的手续费。点差是平台商赚的，手续费这部分就是全部返给他们的代理商、经纪人。投资开户一定要了解你的交易成本，只有这样才知道金价波动多少才能盈利。有些朋友不知道一下单账户就被扣了点差和手续费，看到持仓有赚就平掉，以为有赚，结果发现账户资金越来越少，原因就是盈利不足以抵消交易成本。

仓位 资金如何分配关系到心理承受压力的大小，仓位如果过大或者满仓操作，一旦趋势逆转，则亏损加大，心理承受压力也加大，一般都会陷入大亏损的境地。

建仓 就是下单，不管是做多（买入），还是做空（卖出），在某个价位下单，手上就持有一定仓位，就叫建仓。建仓时进场的位置非常重要。

平仓 就是把之前买入的多单或卖出的空单平掉，这种行为我们叫平仓。

止损 类似股票“割肉”，是指当某一现有持仓单出现的亏损达到预定数额时，及时斩仓出局，以避免造成更大的亏损。其目的就在于投资失误时把损失限定在较小的范围内。止损就是停止亏损的意思。

移动止损 例如在1300美元价位做多，止损位设置在1295美元，当金价跌穿1295美元，已经到达1290美元时，这时再把止损位移到1285美元（此种操作方式为大忌，等同于不止损，详细内容可参考《期货交易盈利策略》）。又例如还是在1300美元价位做多，设止损位在1295美元，但现在行情到达了1320美元，此时可以把止损位移到1310美元，保护胜利果实，这种持有盈利单的做法是最安全的。

止盈 和设置止损位的道理一样，在某个价位建仓，设好止损位的同时，建议也要马上设置止盈位，就是到了你想要的目标价位，单子自动获利成交。

分批止盈 例如在1300美元价位做多，这波行情有可能到达相对较高的位置，那么止盈位可以分别设置为1320美元、1350美元、1400美元等，这样能够使盈利最大化。

挂单（限价做空，限价做多） 挂单是设定在金价到达某个位置时，自动买进或卖出，而不是按现在的市场价格交易。例如现价是1300美元，但现在没有时间盯盘，又觉得在1350美元处是阻力位，想在1350美元时做空，就可以挂单；反之现价是1300美元，现在没时间盯盘，又觉得1250美元处是支撑位，想在1250美元处做多，也可以利用挂单功能。

在出现下面两种情况时才考虑挂单，一是现在的行情波动较小，没有时间盯盘；二是在出现重大行情之前，提前埋伏好。挂单同时也可以在系统里同步设置好止损位、止盈位。意思是，挂的单子成交的同时，就已经设置好了止损、止盈价位。因为如果一时大意没有设好止损位，剧烈波动时，挂的单成交了，行情没有按预期那样走，那损失也将是十分惨重的。

对冲 也叫锁单，比如手上持有一个空单，金价上涨，亏损中，但预计接下来还有一定的上升空间，所以担心产生更多的亏损，那么在上涨的过程中又做了个多单，即在持有原来的空单的同时，按当时的市价买进了一个多单，变成一个买跌一个买涨，即便金价不断上涨，仍是一样的亏损金额。但这样做只是寻求了一种内心安慰，不能解决任何实际问题，俗话说锁单容易解锁难（详细可见《期货交易盈利策略》）。

爆仓 就是亏光了，账户内资金全部亏损。造成爆仓亏损的原因只有两个，一是没设止损位，二是重仓。上面讲过，不设止损位，做错方向，死扛的后果很严重。

至于重仓，虽然设置了止损位，但因为重仓，所以会导致亏损额度较大，如果设置止损位的空间较大，同样也会爆仓。

Section 4

第四节 认识国际黄金交易历史

黄金交易市场是指将黄金作为投资品种进行交易的市场，与股票交易的证券交易所一样。下面将介绍全世界主要的黄金交易市场。

一、世界著名黄金交易市场

伦敦黄金市场

伦敦黄金市场位于英国，是世界上最大的黄金交易市场，历史悠久。1804年，英国伦敦取代荷兰阿姆斯特丹成为世界黄金交易的中心，1919年伦敦黄金市场正式成立，每天进行上午和下午的两次黄金定价，由五大金商定出当日的黄金市场价格，该价格一直影响纽约和香港的交易，市场黄金的供应者主要是南非。1982年以前，伦敦黄金市场主要经营黄金现货交易，1982年4月，伦敦期货黄金市场开业。目前伦敦仍是世界上最大的黄金交易市场。所以国际上常用伦敦黄金市场价格作为黄金价格的标准，因此，伦敦黄金市场价格又被称为国际黄金市场价格的“晴雨表”。

伦敦黄金市场的特点之一是交易制度比较特别。伦敦黄金市场并不是一个实际存在的交易场所，而是一个通过各大金商的销售网络连成的无形市场，以现货交易为主，交易所会员是由英国汇丰银行、加拿大丰业银行、洛希尔国际投资银行、德意志银行和瑞士信贷第一波士顿银行五大金商及一些公认有资格向他们购买黄金的企业组成，然后再延伸至各个加工制造商、中小商店和公司。交易时由金商根据各自的买盘和卖盘，报出买价和卖价。

伦敦黄金市场的特点之二是灵活性很强。黄金的纯度、重量等都可以选择，若客户要求在较远的地区交售，金商也会报出运费及保费等，也可按客户要求报出期货价格。最通行的买卖伦敦金的方式是客户无须使用现金交易，即可买入黄金现货，到期只需按约定利率支付利息即可，但此时客户不能获取实物黄金，这种黄金买卖方式，只是在会计账上进行数字游戏，直到客户进行了相反的操作平仓为止。

伦敦黄金市场的特点之三是交易具有如下规则：伦敦黄金市场的黄金以美元进行标价，以英制盎司为计量单位。例如，大盘标出1000的数字，代表每盎司黄金1000美元。

伦敦黄金交易市场的特点之四是保证金交易：只需交少量保证金，即可进行大额交易。可以双向交易，伦敦黄金市场中投资者既可买涨，又可买跌，无论金价如何波动，投资人始终有获利空间。还有就是实时买卖，只要处于全球的交易时段内，投资者都可以进行交易，不存在股票T+1的交易方式。

苏黎世黄金市场

苏黎世黄金市场，是第二次世界大战后发展起来的国际黄金市场。瑞士特殊的银行体系和辅助性的黄金交易服务体系，为黄金买卖提供了一个既自由又保密的环境，加上瑞士与南非也有优惠协议，瑞士获得了80%的南非黄金，而且苏联的黄金也聚集于此，这些情况使得瑞士不仅是世界上新增黄金最大的中转站，也是世界上最大的私人黄金的存储中心。苏黎世黄金市场在国际黄金市场上的地位仅次于伦敦黄金市场。苏黎世黄金市场没有正式组织结构，由瑞士三大银行即瑞士银行、瑞士信贷银行和瑞士联合银行负责清算结账，三大银行可为客户代行交易，而且黄金交易也是这三家银行本身的主要业务。苏黎世黄金总库（Zurich Gold Pool）建立在瑞士三大银行非正式协商的基础上，不受政府管辖，作为交易商的联合体与清算系统混合体在市场上起中介作用。

苏黎世黄金市场无金价定盘制度，在每个交易日任一特定时间，根据供需状况议定当日交易金价，这一价格为苏黎世黄金官价。全日金价在此基础上的波动不受涨跌停板限制。

美国黄金市场

纽约黄金市场和芝加哥黄金市场是20世纪70年代中期发展起来的，主要原因是1977年后，美元贬值，美国人（主要是以法人团体为主）为了套期保值和投资增值获利，使得黄金期货迅速发展起来。

纽约商品交易所（COMEX）和芝加哥商品交易所（CME）是世界上最大的黄金期货交易中心。两大商品交易所对黄金现货市场的金价影响很大。

以纽约商品交易所（COMEX）为例，该交易所本身不参与期货的买卖，仅提供一个场所和设施，并以黄金期货交易为主。由于纽约是最大的国际金融中心之一，同时美国国内对黄金需求量又不断扩大，由此，纽约黄金市场建立不久，就成为世界黄金市场的重要组成部分。目前，纽约黄金市场是世界上最大的黄金期货集散地，纽约商品交易所提供场所和设施，并制定一些法规，保证交易的双方在公开和公平的原则下进行交易。该所对进行现货和期货交易的黄金的重量、成色、形状、价格波动的上下限、交易日期、交易时间等都有极为详尽和复杂的描述。

中国黄金市场

上海黄金交易所与上海期货交易所都是国家批准的正规交易所，上海黄金交易所是做贵金属现货交易，推出黄金T+D，白银T+D等投资业务，而上海期货交易所是做黄金期货的交易。它们两者交易的黄金时间也不一样，手续费也不一样。上海黄金交易所是经国务院批准，由中国人民银行组建，从事贵金属交易的国家级市场，遵循公开、公平、公正和诚实信用的原则，不以营利为目的，是实行自律性管理的社团法人。上海黄金交易所于2002年10月30日正式开业，初期进行现货黄金交易，为中国黄金市场提供了现货交易平台。交易过程中，按照价格优先和时间优先的原则，采取自由报价、撮合成交、集中清算和统一配送的交易方式，交易所会员可以自行选择交易方式，通过现场或远程方式进行交易，上海黄金交易所外观见图1。

图1　上海黄金交易所

上海期货交易所（Shanghai Futures Exchange，缩写为SHFE）是依照有关法规设立的，履行有关法规规定的职能，按照其章程实行自律性管理的法人，并受中国证监会集中统一监督管理。上海期货交易所目前上市交易的有黄金、白银、铜、铝、锌、铅、螺纹钢、线材、燃料油、天然橡胶、沥青等11种期货合约，上海期货交易所外观见图2。

上海期货交易所的目标是成为一个在亚太时区以基础金属、贵金属、能源、化工等大宗商品为主的主要期货市场，发挥期货市场发现价格、规避风险的功能，为国民经济发展服务。上海期货交易所各上市品种的交易时间（北京时间）为:

上午 第一节 09:00—10:15　第二节 10:30—11:30；

下午 13:30—15:00；

夜间 21:00—02:30。

图2　上海期货交易所

中国黄金市场是一个相对封闭的市场，上海黄金交易所对外资会员审批非常严格，缺少国际报价机构的参与，势必造成中国黄金市场不能很好地与国际市场接轨。中国是世界上的第四大黄金生产国，第三大黄金消费国，但人均年黄金消费不足世界平均值的1／3。虽然中国黄金投资的潜力巨大，但黄金交易多为场内交易，并且以实物黄金为主，无法吸引更多的国际投资者参与到黄金市场中来。另外，中国黄金市场交易品种单一，交易机制不健全，交易成本高等特点也是制约中国黄金市场发展的重要原因。

香港黄金市场

香港黄金市场位于中国香港，已有100年左右的历史，其形成的标志是香港金银贸易市场的成立。1974年，香港地区撤销了对黄金进出口的管制，此后香港金市发展极快。因为香港黄金市场在时差上刚好填补了纽约黄金市场收市和伦敦黄金市场开市前的空档，因此成为连贯亚洲、欧洲和美洲的黄金市场，促成了世界黄金市场的完整。香港优越的地理条件引起了欧洲黄金商的注意，伦敦五大金商、瑞士三大银行等纷纷来港设立分公司。他们将在伦敦交收的黄金买卖活动带到香港，逐渐形成了一个无形的当地“伦敦金市场”，促使香港成为世界主要的黄金市场之一。香港黄金市场由三大市场组成，分别是香港金银贸易市场、香港伦敦金市场和香港黄金期货市场。因此香港黄金市场既有黄金现货交易，也有黄金期货交易。香港金银贸易市场以华人资金商占优势，有固定买卖场所，公开喊价，现货交易。香港伦敦金市场以国外资金商为主体，没有固定交易场所。香港黄金期货市场是一个正规的市场，性质与美国的纽约商品期货交易所的黄金期货性质一样，交投方式正规，制度健全。香港黄金市场的管理机构有两家，分别是香港金管局和香港证监会，香港金管局负责管理货币储备黄金，并协助管理香港金银贸易市场和香港伦敦黄金市场；香港证监会负责管理香港黄金期货市场。除此之外，还有工商局和首饰商会管理金首饰制造业，监管制度比较健全。作为世界上较大的黄金市场之一，香港黄金市场是同时拥有实金交易、无形市场和期货市场的唯一地区。

东京黄金市场

东京黄金市场于1982年成立，是日本政府正式批准的唯一黄金期货市场。会员绝大多数为日本的公司。黄金市场以每克日元叫价，交收标准金的成色为99.99%，重量为1千克，每宗交易合约为1千克，目前东京黄金交易市场已经逐步萎缩，不再是市场主流。

新加坡黄金市场

新加坡黄金市场于1969年正式开立，最初开办的是现货黄金交易，黄金的供应来源于欧洲的银行。但是当时的黄金交易带有明显的管制性，交易对象仅限于工业用户、金饰商及其他非个人用户，新加坡的百姓不得自行进口黄金或买卖黄金。1973年8月，新加坡政府允许本国和外国个人在新加坡自由购买、出售和保存黄金，并取消黄金进口税，加快了新加坡黄金市场的发展。1978年6月，新加坡政府全面放宽了外汇管制，使黄金可以自由出入境内，为国际性黄金期货交易创造了良好的条件。自1978年以来，由于国际上黄金需求量的大幅增加，政府在1978年11月正式成立了新加坡黄金交易所，经营黄金现货和2个月、4个月、6个月、8个月、10个月的5种黄金期货合约，标准金为100盎司的99.99%纯金，设有停板限制，并成为东南亚第一家国际性的黄金期货市场。1983年，新加坡政府改进了黄金交易所，增加了交易内容，并且提供金融期货服务，使新加坡黄金交易市场得到了进一步发展。

二、国际黄金交易市场的主体

黄金市场的主体即黄金市场的参与者，主要有银行、金商、对冲基金等金融机构、各种法人机构和私人投资者以及从事黄金期货交易的经纪公司、黄金交易所等。

1.银行

根据参与黄金交易的方式不同，银行主要可以分为两种。一种是自身并不参与黄金买卖，只为客户代行买卖和结算，作为黄金交易双方的中介；另一种是将黄金买卖作为自己的一项发展业务，一些银行将自己列为某些黄金交易所的会员，从而参与黄金的交易。

2.金商

伦敦黄金市场上的五大金行被称为世界五大金商，掌握着国际黄金市场最新动态信息，并会根据自身掌握的情况报出黄金的买价和卖价。其报出的价格是世界上最主要的黄金价格。

3.对冲基金

对冲基金既是一种避险基金，也是一种套利基金，主要以高风险投机为手段来赚取巨额利润。对冲基金公司大量买入黄金并在短期内对其进行抛售，或趁机捕捉到经济势态的变化，对黄金进行买空和卖空的操纵，从而影响黄金市场价格并从中获利。

4.各种法人机构和私人投资者

主要是指一些专门出售黄金的公司，包括各大金矿、黄金制品生产商、首饰行，以及其他一些专门从事黄金买卖业务的投资公司、个人投资者和黄金收藏者等。

5.经纪公司

从事黄金交易的经纪公司，其本身并不拥有黄金，而是一种以收取一定佣金为目的而进行黄金交易的代理组织。

6.黄金交易所

黄金交易所是提供黄金等贵金属交易的场所、设施以及相关服务的社团法人。

三、国际黄金市场的牛熊市大循环

股市有牛市、熊市之分，金市也同样如此。所谓牛市，是指行情普遍看涨持续时间较长的大升市。相反，行情萎靡不振，交易量萎缩，价格指数一路下跌的情况就被称为熊市。在历史上，黄金市场主要经历过这样几个阶段：一是1977—1980年的第一轮黄金大牛市，二是1980—2001年长达21年的黄金大熊市，三是2002—2011年的超级大牛市，四是2012年至今的黄金熊市加震荡市。

1977年，通货膨胀波及世界各国，黄金价格出现大反弹，1978年时金价更是超越了之前的最高峰200美元／盎司。1979年，国际黄金市场俨然已是一片买方市场，强大的市场购买力使美国和国际货币基金组织被迫压缩了原定的黄金拍卖计划，不久后更彻底放弃这项计划。之后，黄金价格在涨过360美元／盎司后又呈现出了惊人的涨幅，到了1979年下半年，黄金价格更是以整百整百的幅度不断刷新最高价纪录。1980年，苏联入侵阿富汗后，黄金价格更是被推至当时的历史最高价，达到850美元／盎司。可以说，在此期间，黄金彻彻底底经历了一番牛市狂潮，而这段历史，也注定在黄金市场历史上留下深深的烙印，如图3所示。

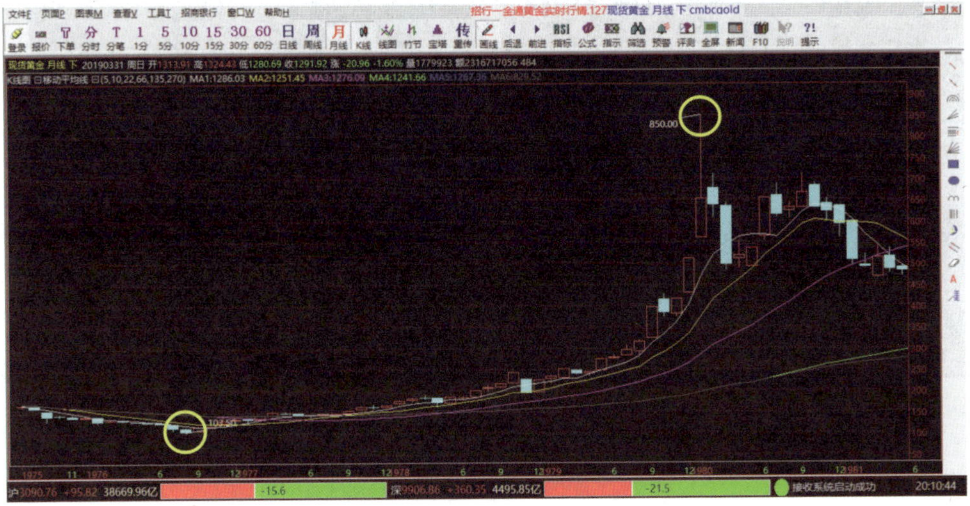

图3　黄金价格高达850美元／盎司

黄金与其他金融产品一样，总是在起起落落间前行。金价在刷新了历史纪录达到850美元／盎司之后，便出现了震荡性的回落。在1980年至2001年期间，金价从最高的850美元／盎司最低跌至251美元／盎司，均价下跌60%，最大跌幅为70%。

1980—2001年是全球经济发展的大好时期，一方面，美国的通货膨胀率开始迅速下降，通货膨胀现象正日渐消退，加上美国开始实行低息政策，促进了房地产市场的繁荣，推动了美国经济的发展，导致了美元的强势；另一方面，这一时期股票市场也开始欣欣向荣，之前广受追捧的黄金便失去了市场吸引力。对此，欧洲央行也纷纷抛售其巨额的黄金储备。种种因素最终导致了黄金之后近20年的时间里始终处于熊市的阴影之下，如图4所示。

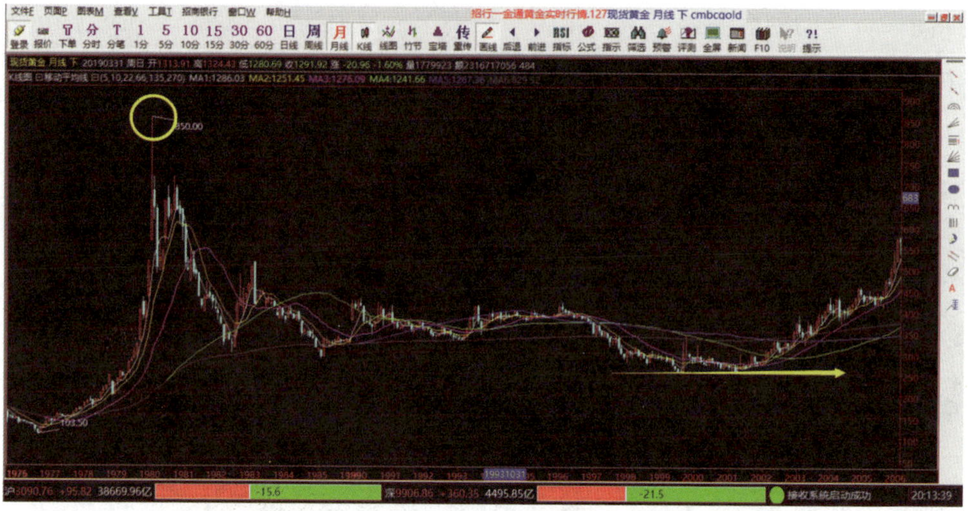

图4　黄金开始失去市场吸引力

黄金市场在经历了1980—2001年这段大萧条时期后，终于在进入21世纪后迎来了灿烂的春天。进入21世纪后，国际政治关系也进入了动荡时期，使得金价持续上涨。在政治、经济、金融这三座大山的压迫下，黄金需求量急速增加，一系列黄金投资产品的推出也引爆了黄金投资市场。世界经济急速增长，各国通货膨胀愈演愈烈，致使金价重整升势。至此，黄金价格开始了新一轮的大牛市之旅。进入21世纪之后，金价一路上涨，到2011年的时候，金价最高上涨到1920.8美元／盎司，涨幅超过665%，如图5所示。

任何投资品种在历史长河中都不会处于一直持续上涨的状态，因此，在达到1920.8美元的高位后，金价就开始下跌。图6为现货黄金2011年10月至目前（2019年）的价格。可见，金价在开始下跌之后，直到2015年12月，最低达到1046美元／盎司。

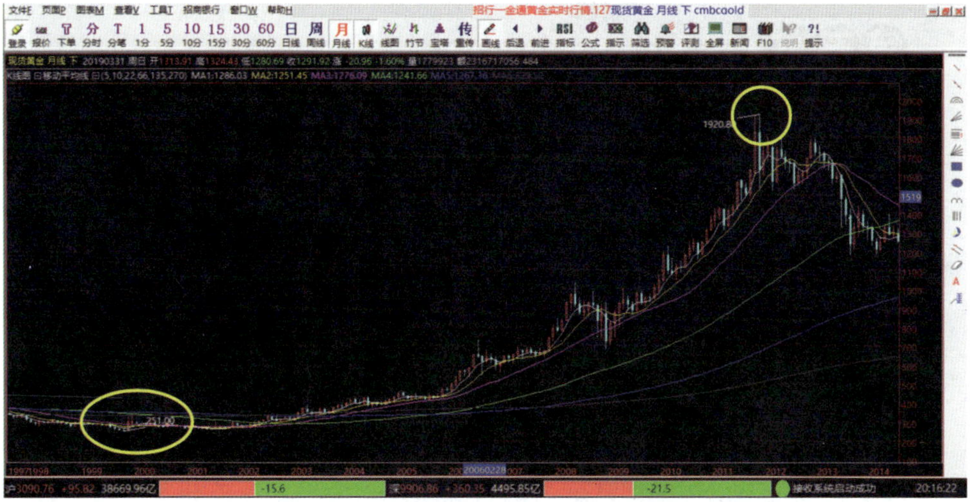

图5　金价重整升势

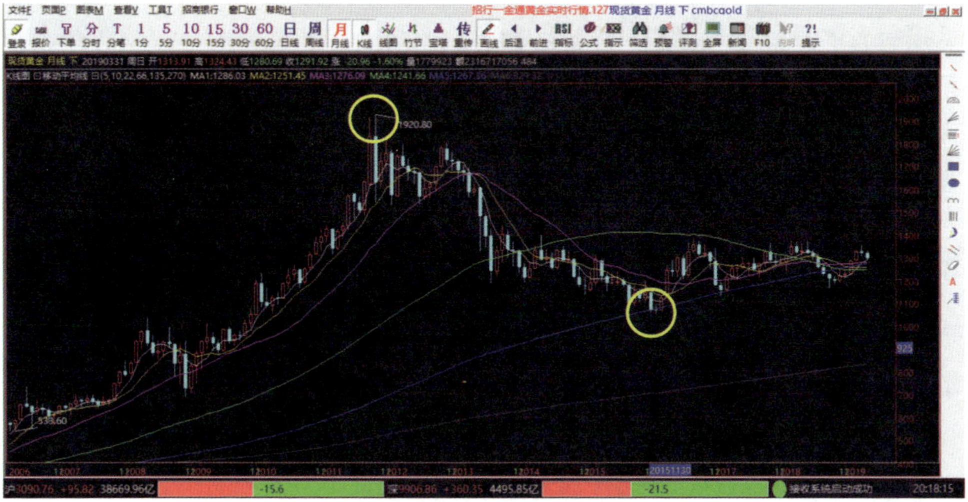

图6　金价开始下跌

Section 5

第五节 国内黄金投资市场现状

国内黄金投资主要分为实物黄金、纸黄金、黄金T+D、黄金期货、国际现货黄金（俗称伦敦金）、国内现货黄金这6种比较流行的黄金投资形式，下面逐个进行介绍。

实物黄金

实物黄金是指以实物形式交易的黄金，包括金条、金币和金砖等，这些黄金实物投资方式简便，保值性较强。

投资实物黄金是所有黄金投资方式中最简便，也是一种风险最低、看得见摸得着的投资方式。那么投资实物黄金具体有哪些优势呢？实物黄金本身是一种贵金属，不论市场如何变化，它的内在价值是不会变化的，不会因为通货膨胀的出现就导致其内在价值降低。因此，在市场出现不稳定因素或者通货膨胀加剧的情况下，人们都喜欢囤积黄金来达到资产保值的目的。

购买实物黄金的渠道有很多，银行和金店等地方都有出售。那么，在购买过程中有哪些需要注意的事项呢？我国的商业银行也开展了不同类型的黄金业务，例如工商银行的如意金系列业务和建设银行的建行金系列业务等，下面以工商银行的贵金属业务为例，进行详细介绍。工商银行的实物贵金属板块涉及黄金的三个系列的产品，分别是如意金系列产品、生肖类贵金属产品和龙凤传家系列贵金属产品。工商银行如意金系列产品包含有金条、金砖、金钱、金元宝和财神金章等产品。实物金以1∶1的形式，即多少货币购买多少黄金，只能买涨，不能买跌，投资额大，手续简单，但难于辨别真假、成色。

纸黄金

纸黄金是黄金的纸上交易，投资者的买卖交易记录只在个人预先开立的“黄金存折账户”上体现，而不涉及实物金的提取。盈利模式为通过低买高卖，获取差价利润。纸黄金实际上是通过投资交易获利，而不是对黄金实物投资。这样的交易方式省去了黄金的运输、保管等步骤。

随着我国黄金市场的不断完善，各大银行逐渐开通了纸黄金的投资业务。目前，我国已经有多家银行提供纸黄金的交易平台，开通纸黄金业务的银行包括中国银行、中国工商银行、中国建设银行、中国交通银行、华夏银行、民生银行、兴业银行和招商银行等。就纸黄金的交易平台而言，每家银行都差不多，手续费也都比较固定，只是银行针对纸黄金的最低交易重量设置有差别，例如工商银行的最低交易重量为1克。当然，银行的报价是根据国际金价报出的，即纸黄金的价格走势与国际金价的走势一样。投资者操作纸黄金，也需要把握国际金价的走势来进行，与买卖股票一样，旨在赚取差价，低买高卖。投资者的买卖交易记录只在个人预先开立的“黄金存折账户”上体现，不发生实物黄金的提取和交割过程。

建设银行账户纸黄金的交易时间为周一至周五07:00—14:00，招商银行的交易时间却有不同，是周一至周五08:00—17:00，其他银行关于纸黄金业务也有不同的时间规定。关于纸黄金业务的开通，投资者可以直接在网上银行系统上自助开通，但是开通业务的时候要清楚交易的时间。

除了中国纸金网之外，投资者还可以从一些其他的网站上了解到纸黄金的相关信息，例如金投网及和讯网等，这些网站都是比较专业的纸黄金信息网站，相关信息更新也比较及时。纸黄金交易优点是银行提供交易平台，方便交易，缺点是没有杠杆，费用过高。

黄金T+D

上海黄金交易所的交易品种，杠杆比例在1：5左右，交易分三个时间段，双向买卖，采用的是撮合式的交易，无点差，优点是银行提供交易平台，安全，缺点是交易不活跃，容易产生溢价。虽然T+D是从现货黄金衍生而来，但是它的交易时间和模式却与现货黄金不一致，没有一个做市商来承接无限单量，而且还有涨跌停限制，有很多投资者认为它其实就是股票的变形，增加了一个晚盘交易时间，一旦跌停或者涨停的话就变成股票了，就失去了“T+0”模式的优点；而且最关键的是，由于黄金T+D交易时间不连续，无法跟上国际现货黄金的走势，一旦隔夜现货黄金出现大涨大跌的行情，开盘到跳多或者跳空的位置就会按照跳多或者跳空的价格继续交易，如果与投资者所持单方向相反的话，投资者也只能看着亏损。

黄金期货

上海期货交易所的交易品种，是指以国际黄金市场未来某时点的黄金价格为交易标的的期货合约，投资人买卖黄金期货的盈亏，是由进场到出场两个时间的金价价差来衡量，契约到期后则可以进行实物交割。我国的上海期货交易所交易黄金期货。

黄金期货是期货交易，与股票投资不同，黄金期货实行“T+0”的交易模式，也就是当天买进当天就可以卖出。并且黄金期货可以双向交易，既可买空，也可买多，扩大了投资者的盈利空间，它的魅力在于即使预期未来期货价格下跌，及时卖出也同样可以获利。此外，黄金期货交易杠杆比较高，保证金比率较低，交易后每天要按照结算价对手中持有的合约进行结算的制度也为投资者提供了风险保障。但是任何投资理财都不能百分之百保证盈利，和现货交易一样，黄金期货交易也是有风险的，投资者千万不可在什么都不了解的情况下就进场投资。

在进行黄金期货投资交易之前，投资者首先要进行交易账户的开户。只有拥有黄金期货交易账户，才能进行交易。投资者在进行黄金期货交易之前，应先选择一个具备合法代理资格、信誉好且运作规范的期货经纪公司，例如中国国际期货、永安期货、广发期货等，这些期货公司都具备上海期货交易所的黄金期货交易品种（通俗讲各个期货公司为三大商品期货交易所的代理机构）。选定期货经纪公司之后，投资者可以向该期货经纪公司提出委托申请，开立账户。最后，交易者只需要将资金打入自己的保证金账户，就可以进行黄金期货交易了。

在国内如果进行互联网黄金交易，可以选择正规的黄金期货软件。例如笔者进行黄金交易，也是以国际黄金行情（伦敦金）软件作为参考来交易黄金期货。

下面介绍两种国际黄金行情（伦敦金）软件的下载以及看盘方式：一是招行一金通黄金行情软件，二是广发期货—文华赢顺黄金行情软件。

一是招行一金通黄金行情软件的下载、安装和初始设置步骤（见图7～图24）：

图7　第一步：在百度搜索“招商银行”

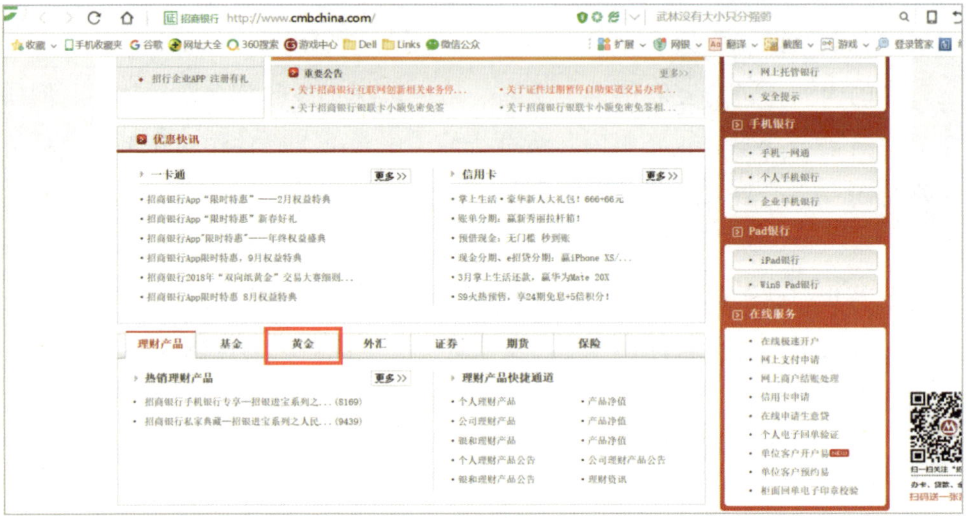

图8　第二步：进入网站下拉页面后点击“黄金”选项

图9　第三步：点击“黄金行情软件下载”

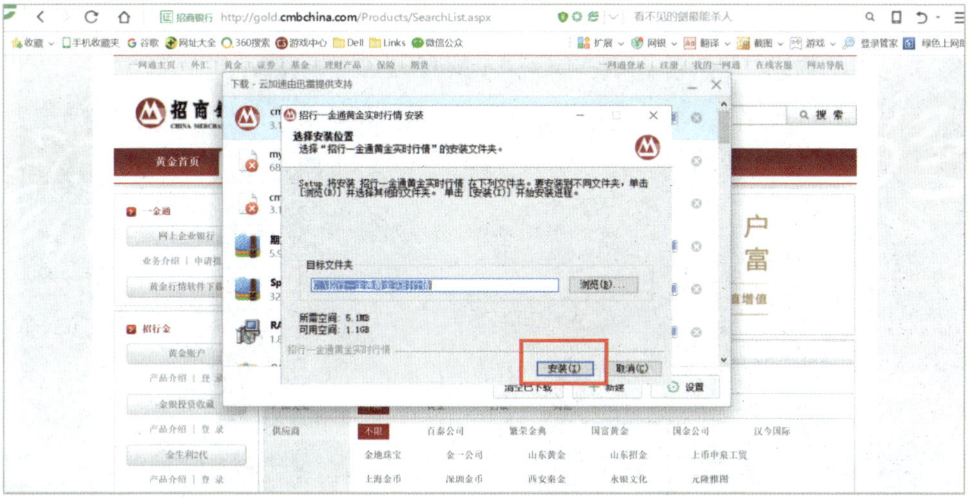

图10　第四步：下载完成后点击“安装”

图11　打开后出现画面，在此注意，一是用户号和密码不必动；二是如果登录不顺畅，可以切换不同的服务器重新登录

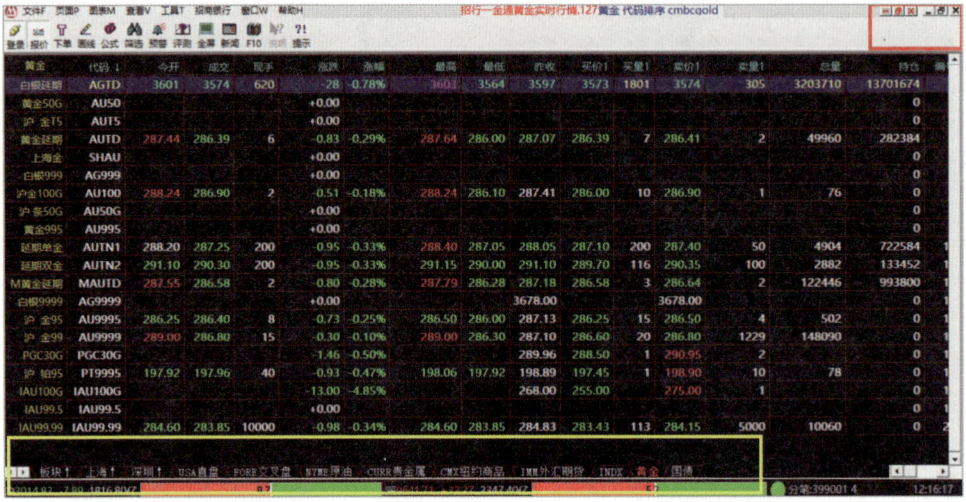

图12 软件下方出现不同商品属性间转换的按钮；关闭或最小化软件选择红色按钮

图13 选择CURR贵金属后的国际黄金行情窗口

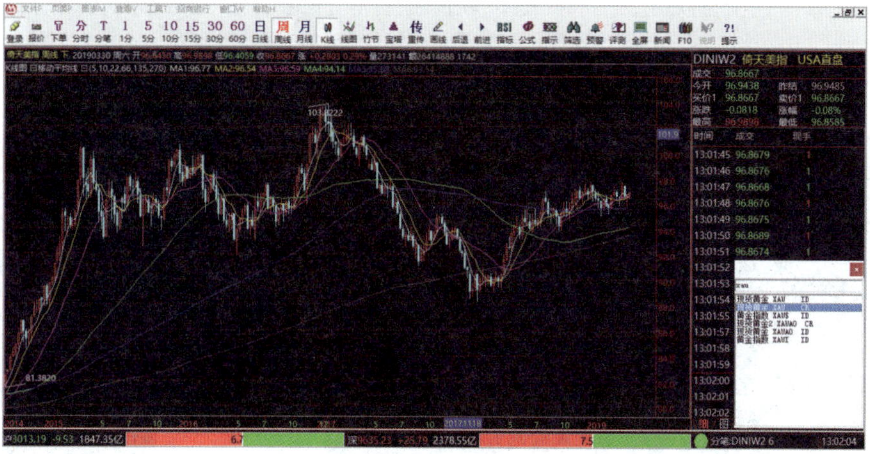

图14　在键盘上输入黄金代码XAU后进入行情页面

初始下载行情软件后，从月线图到1分钟图所有的周期图，默认为4图分析组合，包含K线、成交量、相对强弱指标、随机指标。笔者认为这些指标在实盘中所起到的作用是不太大的，尤其是成交量指标，因为国际黄金行情的成交量是十分巨大的，但同时又是十分分散的，国际黄金行情的成交量指标不会像国内的股票那样能较精确地反映出此时的成交结果。所以可以如图15所示，点击鼠标右键，设置为“3图分析”，这样也不会显得界面太杂乱。

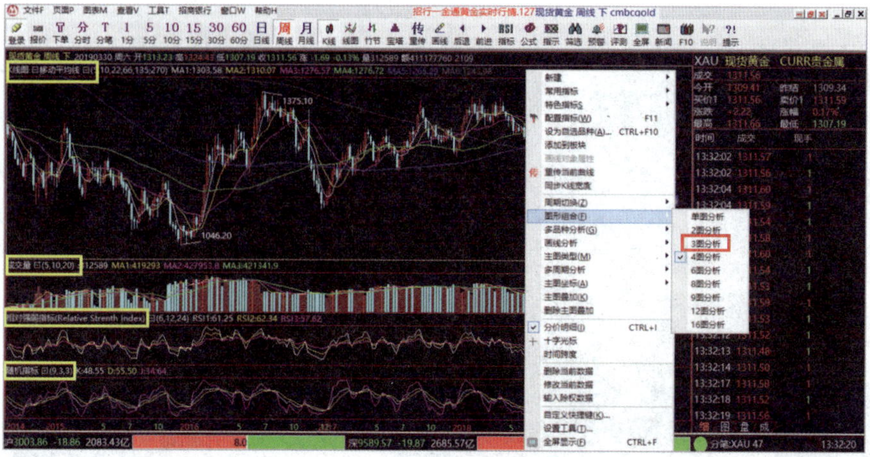

图15　选择“3图分析”

在每一栏分别点击鼠标右键，删除指标（注意右键要准确点击在指标上才能显示出，如图16所示）。

图16　删除指标

删除完各个指标后，在键盘上输入MACD（注意输入法为英文拼写，大小写皆可）。MACD指标在实盘操作中有非常重要的指导意义（如图17所示），后续会有详细介绍。

图17　MACD指标具有重要指导意义

接下来再设置一款在实盘中有指导意义的指标——SUPL，如图18所示，点击工具—公式管理。

图18　添加公式

在公式管理的公式系统中选中“技术指标”，点击“其他”，再点击“新建”。如图19所示。

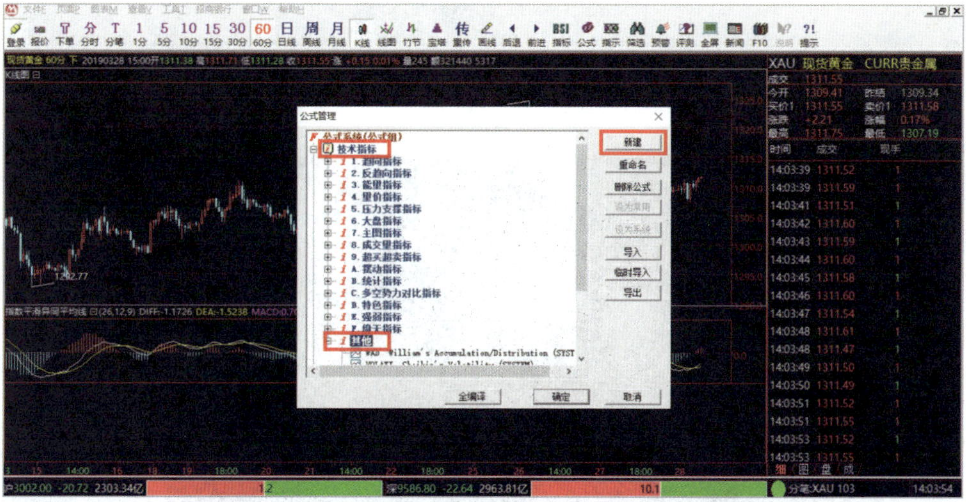

图19　新建公式

输入以下内容：SUPL N 3 3 3 0.000，在空白处输入以下公式（如图20所示）：

A:=VOL*CLOSE;

B:=SUM（A,2）/ SUM（VOL,2）;

B1:=EMA（B,10）;

主力资金线:（B–B1）*100 / B,COLORWHITE,LINETHICK2;

MA1:MA（主力资金线,N）,COLORBROWN;

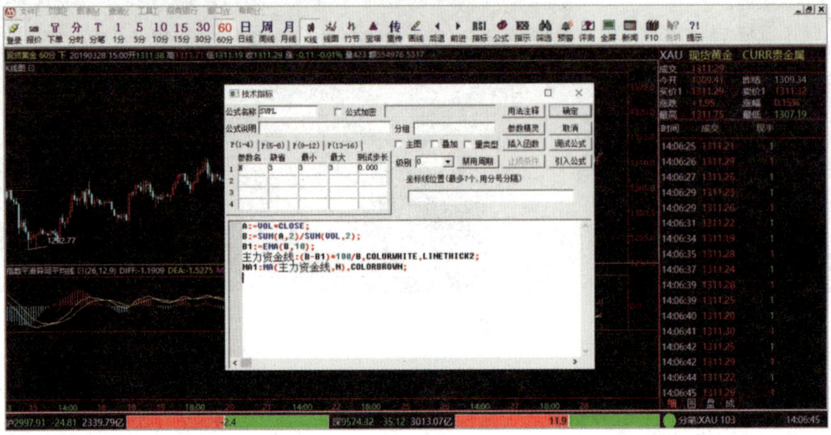

图20 设置SUPL公式

设置完成后，在键盘上输入SUPL。如图21所示，SUPL指标比MACD指标更早显现顶背离，有利于行情点位的及时介入。

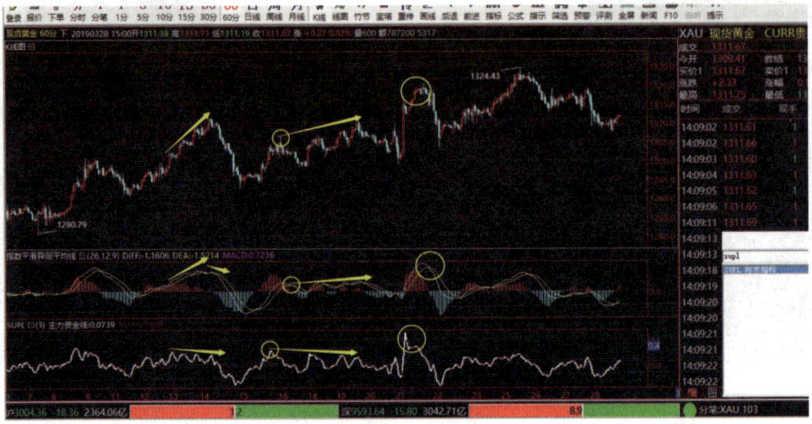

图21 SUPL指标有利于及时介入行情

如图22所示，分时图，一般用于操作日内短线行情，可以以下方MACD指标作为参考操作。但做单时注意，即使是操作日内短线行情，也要常看下日线图，要明白今天的行情处于趋势中的什么位置，今天的行情向上还是向下运行的可能性大，运行的幅度、强度有多大，这样对于操作短线行情，也会产生关键指导性意义。

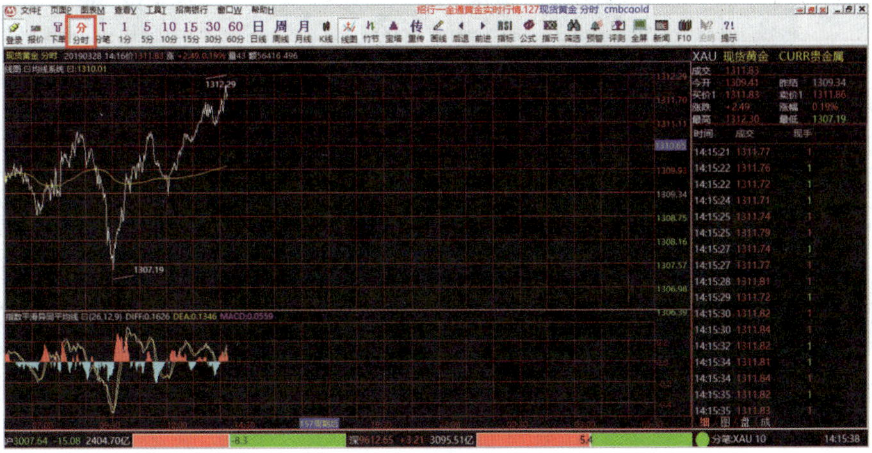

图22 用于操作日内短线行情的分时图

点击画线按钮，软件最右边会出现如图23所示的工具。画线可以使支撑位和阻力位等更加明朗。

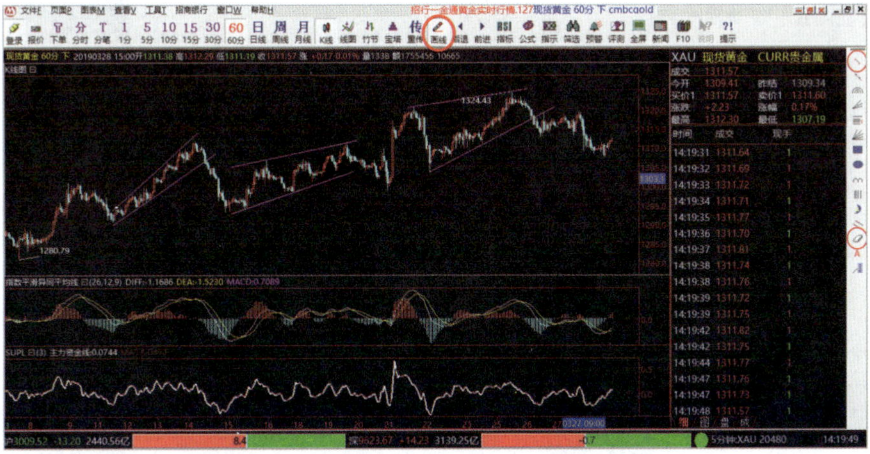

图23 画线能使支撑位和阻力位更明朗

当界面切换至某个品种时（包含股票），可以点击右键，把此品种加入自选，这样品种间的转换会很方便。点击黄色圆圈处时，可关闭自选品种选项，如果关闭后想重新开启，可以双击屏幕最左侧，如图24所示。

图24　自选品种选项

二是广发期货—文华赢顺行情软件的下载、安装和初始设置步骤（如图25～图33所示）：

图25　第一步：在百度搜索“广发期货”

图26　第二步：进入网站下拉后点击“软件下载”

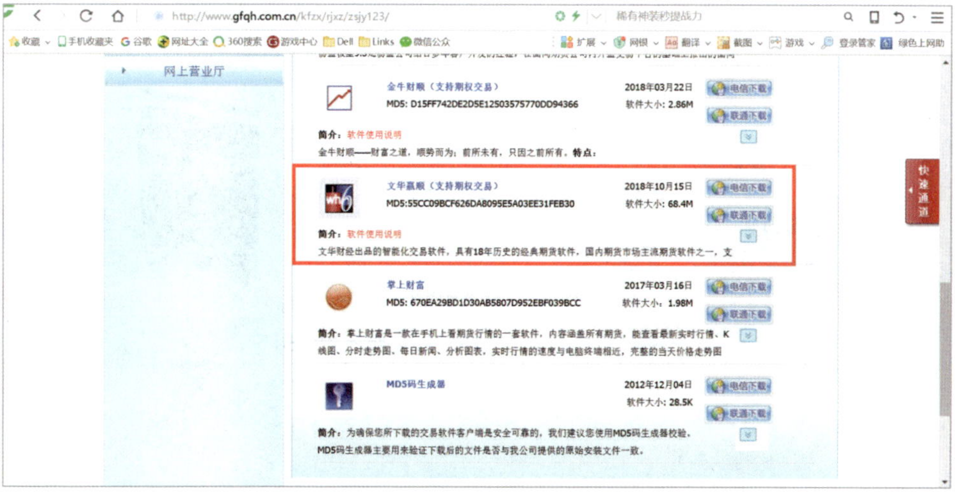

图27　第三步：点击“下载”

图28　第四步：点击“打开”，确定“开始安装”

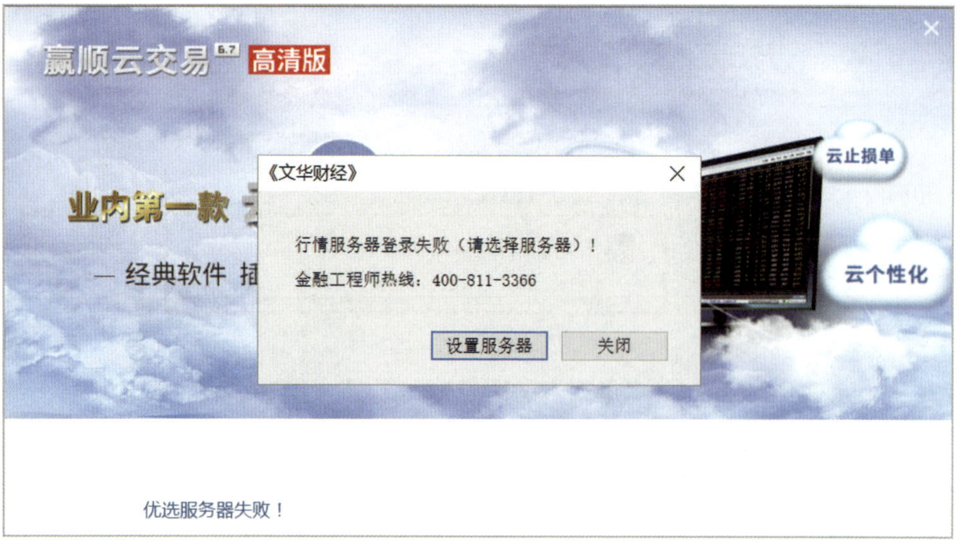

图29　若登录失败，点击“设置服务器”

如图30所示，左边的选项包含了股票、期货、外盘、黄金、外汇、期权等交易品种。点击“期货”，选择“商品分类”，可以看到国内商品期货的各个品种走势。右下方为实盘账户登录图标。

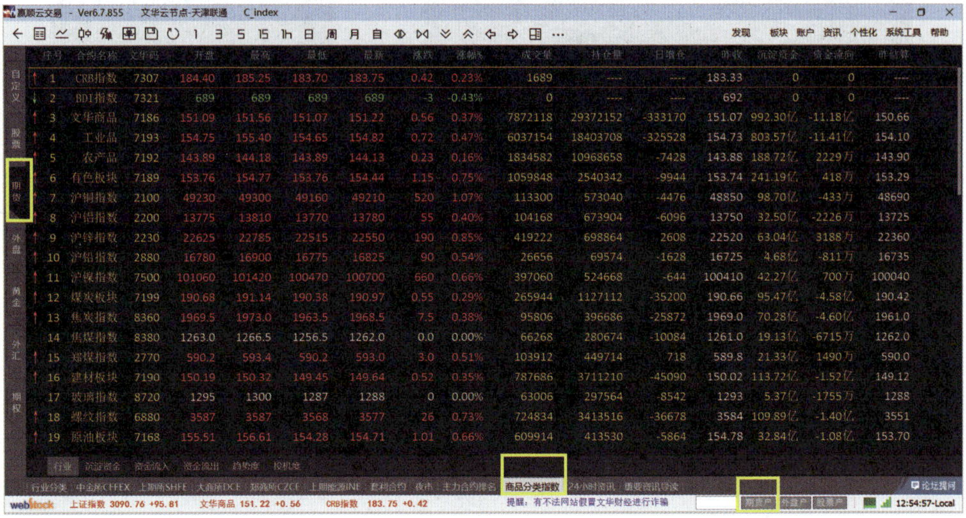

图30　软件页面

如图31所示，点击“黄金—伦敦金”，就可以显示行情。

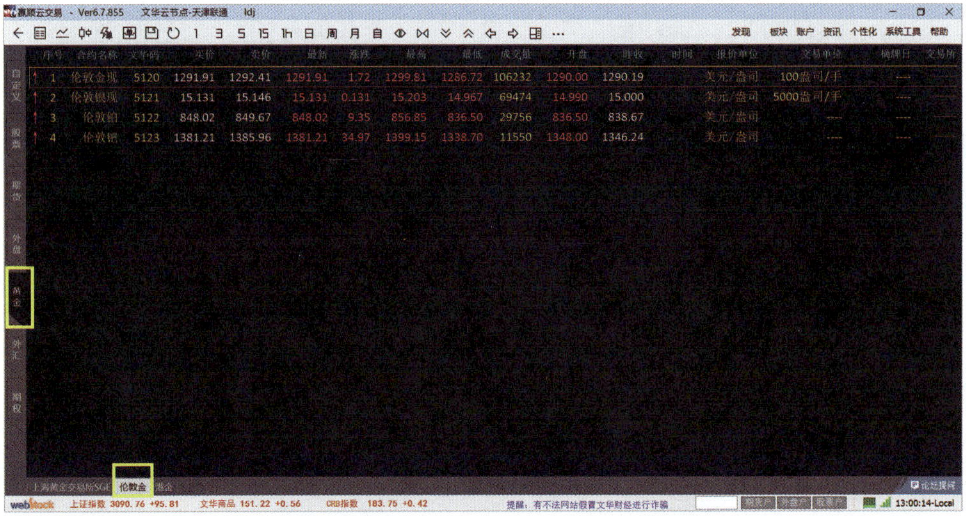

图31　伦敦金行情

点击右上方框处，会出现设置的选项，勾选自己擅长操作的周期，如图32所示。

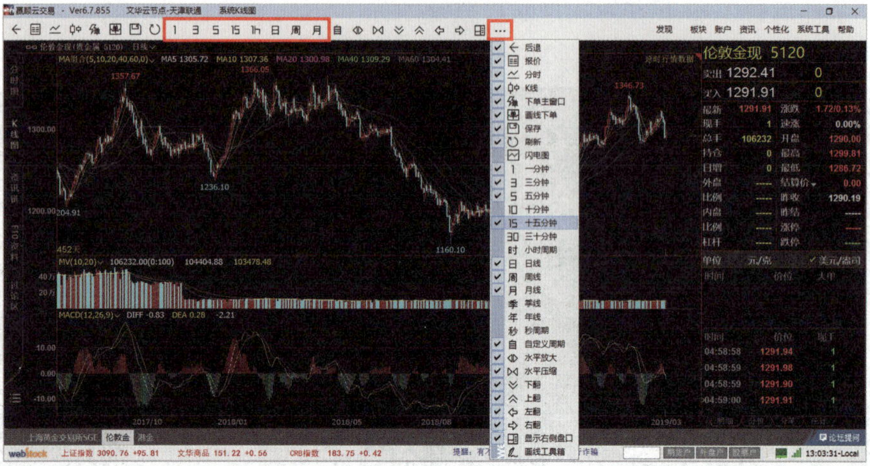

图32　勾选周期

登录实盘账户后，如图33所示。1处可以选择买卖手数。2处选择做多单或者做空单。3处是现在界面交易品种的说明。4处为出入金选项。5处将会显示未来持有单子的买卖信息。6处可以设置止损止盈等。

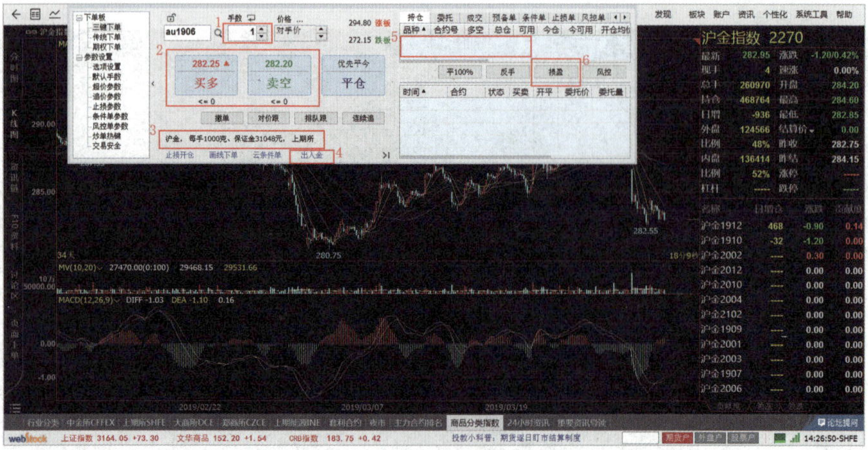

图33　登录账户后

综上所述，笔者也是通过以上两种观看伦敦金行情的软件，来了解黄金期货（沪金指数）行情（因为黄金期货的K线行情也都是跟着国际现货黄金行情走的，只不过两者开盘时间不一样，国际现货黄金开盘时间包含黄金期货开盘时间）。

国际现货黄金

国际现货黄金，俗称伦敦金，也称黄金外盘，杠杆比例一般为1：100左右，有些外汇盘中也可高达1：200。且无时间限制，网上交易，“T+0”交易形式，黄金代码是XAU_USD或者是GOLD。国际现货黄金虽然又称为伦敦金，但它并不是一种黄金的名称，而是一种黄金交易方式的称谓。现货黄金以美元标价，以英制盎司为计量单位，并且全天24小时可以交易，而且是双向交易模式，也就是既可买涨也可买跌。因此，它是一种盈利空间和风险都很大的交易方式。

国内现货黄金

时间及价格与国际金价市场接轨，“T+0”交易模式，双向操作可买涨买跌，杠杆比例一般是1：50。采用做市商制度的投资品种，一般宣传可提取实物。

和股票、期货经纪人制度不同的是，国内现货黄金采取的是会员单位“做市商”制度，也就是我们常说的“对赌平台”。

所谓“对赌”，就是投资者和平台商之间博弈，投资者买对方向，盈利了，平台商就亏；投资者买错方向，亏损了，平台商就赚。做市商就是最大的对赌庄家，不管你下多大的单，他都要照单全收，所以就算做对了，平台商也会想方设法让你亏回去。投资者和平台商，是利益的敌对方，绝对不要指望平台商会给你提供正确的做单分析策略。近年来，国内媒体对“对赌平台”行业风险进行了一定程度的曝光。国内这种内盘模式在2016年经过政府的大力整顿后，违规平台大部分被依法取缔，情况已经大为好转。

第二章
影响黄金价格的因素

导读

黄金价格的变动，绝大部分原因是受到黄金本身供求关系的影响。因此，作为一个具有投资原则的投资者，就应该尽可能地了解任何影响黄金供给的因素，从而进一步了解场内其他投资者的动态，并对黄金价格的走势进行预测，以达到合理进行投资的目的。要确定黄金市场的大趋势是向上还是向下，常常需要进行基本面分析，影响黄金价格走势的因素很多，诸如国际政治、经济、汇市、欧美主要国家的利率和货币政策、各国央行对黄金储备的增减等，还有一大堆经济数据，投资者需要逐个分析，判断出主要因素和次要因素，才能准确搭上价格走势的顺风车，收获丰厚的盈利。

Section 1

第一节

美元对黄金价格的影响

美国在国际政治环境中的重要地位，导致美元在国际经济环境中也扮演了重要角色。美元对黄金市场的影响主要表现在两个方面，一方面是美元作为国际黄金市场上的标价货币，与金价呈现出负相关关系，具体来讲，当美元下跌，那么金价的标价就会相应地上涨，反之亦然；另一方面是黄金作为美元资产的替代投资工具，根据替代效应，当美元下跌时，金价就会上涨。简单地说，美元强黄金就弱；美元弱黄金就强。通常投资人士进行保本储蓄时，取黄金就会舍美元，取美元就会舍黄金。黄金虽然本身不是法定货币，但始终有其价值，不会贬值成废铁。

如图34所示的为2001—2012年的美元指数。

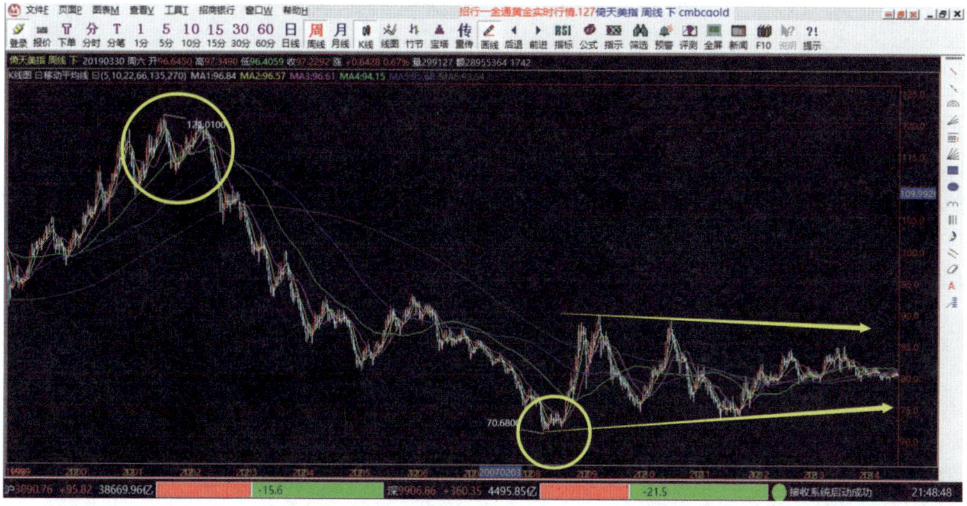

图34　2001—2012年美元指数下跌

由图34可知，美元指数在2001年最高时达到121.0100点，之后美元指数下跌，到2008年时最低为70.6800点，之后经过几次震荡，美元指数在2012年的时候仍没有较大起色。与之相反，如图35所示，黄金指数在这段时间内不断上涨，并且出现了大牛市，涨幅超过600%。

图35　2001—2012年黄金指数上涨

在2012年之后，美元指数开始上涨，从78点左右上涨到了100点附近，而此时的黄金价格却开始下跌。如图36、图37所示的为美元指数和现货黄金价格在2012—2015年的走势。

由图36、图37可知，美元指数和现货黄金价格两者的走势大相径庭，也验证出二者的走势呈现出的是负相关关系。

图36　2012年后美元指数上涨

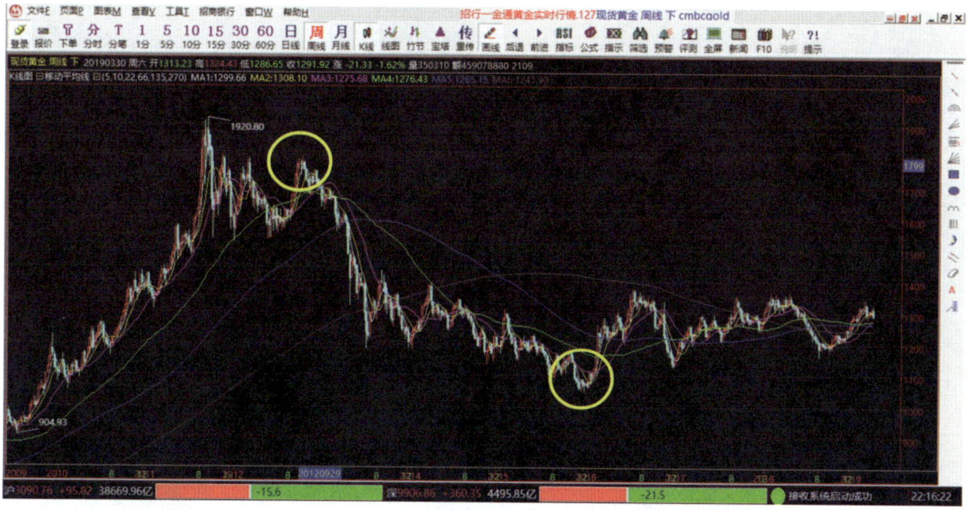

图37　2012年后黄金指数下跌

Section 2

第二节 利率对黄金价格的影响

投资黄金不会获得利息，投资黄金的盈利全凭价格上升。当利率偏低时，人们衡量后发现投资黄金会有一定的益处；但是当利率升高时，收取利息会更加吸引人，无利息的黄金投资价值就会下降，所以人们会认为既然黄金投资的成本较高，那就不如放在银行收取利息更加稳定可靠。特别是当美国的利息升高时，美元会被大量地吸纳，那么金价势必受挫。如2001—2003年，实际利率低于1%，而那几年却是金价大牛市的开端。

Section 3

第三节
原油对黄金价格的影响

原油是国际市场上最为重要的大宗商品之一，原油也就是石油，又称黑色金子。随着世界经济的发展，各国越来越注重能源的开发，石油便成为各国重视的能源之一。因此，石油也与美元一样，本身和政治无关，却在政治环境中占有越来越重要的地位。从长期来看，黄金与原油之间基本存在着正相关的关系，两者的波动趋势基本上是一致的。原油价格的上升预示着黄金价格也会随之上升，而当原油价格下跌时，就意味着黄金价格将会有所下跌。

Section 4

第四节 股市对黄金价格的影响

股票市场与黄金市场虽然是两个不同的投资市场，但是两者并非无联系。股市对金价的影响主要体现在投资者对经济发展前景的预期，如果投资者普遍对经济发展前景看好，那么资金就会流向股市，这样黄金市场的投资就会相对遇冷，金价就会有所下跌，反之就会引起金价的上涨。但事实上，由于我国国内股票市场相对封闭，黄金价格的涨跌与国内的股市行情并没有很直接的联系，所以与黄金价格有直接联系的基本也是国外重要的股票市场，如纽约、东京、伦敦等在国际上有较大影响力的股票市场。20世纪末至21世纪初美国股市出现了历史性的大牛市，而在此期间，黄金市场的形势不被看好。

股市与黄金市场一样，都是投资市场的一类，这些投资市场的发展都需要资金的流入，但是资金的量是较为固定的。如果某个投资市场上的资金较多，那么其他的投资市场上的资金就必然会较少。资金量的多少，直接影响投资市场上投资品价格的高低。于投资者而言，最终的目的是获得利润，哪个投资市场更有投资价值，投资者就会将资金投入哪个市场，而价格是价值的表现形式，简而言之，哪个市场处于欣欣向荣的状态，哪个市场就会吸引更多的资金。

Section 5

第五节 通货膨胀对黄金价格的影响

通货膨胀的典型特征就是货币贬值，购买同样的商品需要付出比以前更多的货币。而黄金作为抗击通货膨胀的重要手段，与纸币和存款等货币形式不同，本身就具有很高且稳定的价值，而不只是货币符号。在通货膨胀发生时，纸币等会因通货膨胀而贬值，而黄金却不会，因此，在货币流动性泛滥、通货膨胀横行的年代，黄金就会因其对抗通胀的特性而备受众多投资者青睐。

我们知道，一个国家货币的购买能力，是由物价指数而决定的。当一国的物价越稳定时，其货币的购买能力就越稳定。相反，通货膨胀率越高，货币的购买力就越弱，这种货币就愈缺乏吸引力。如果美国和世界主要地区的物价指数保持平稳，持有现金也不会贬值，又有利息收入，美元必然成为投资者的首选。

相反，如果通货膨胀剧烈，只持有现金根本无法得到保障，只靠收取利息也赶不上物价的暴升，人们就会采购黄金，因为此时黄金的理论价格会随通胀而上升。西方主要国家的通货膨胀率越高，以黄金作保值的需求也就越大，国际金价亦会越高。其中，美国的通货膨胀率最容易左右黄金的变动。而一些较小国家，如智利、乌拉圭等，每年的通货膨胀率最高能达到400倍，却对金价毫无影响。

Section 6

第六节 地缘局势对黄金价格的影响

黄金是避险的绝佳工具。任何一次战争或政治局势的动荡往往都会促使黄金价格上涨，如果出现突发性事件也会使得黄金价格在短时间内大幅飙升。比如2011年发生的利比亚战争，这场战争本来是利比亚国内不同部落和不同派别之间争斗而引发的国内战争，后来由于西方国家的介入发展为西方国家与中东北非的国际战争。2011年8月的利比亚战争是继20世纪的科索沃战争、21世纪的阿富汗战争和伊拉克战争之后，规模较大的军事战争。利比亚战争对国际政治和军事环境产生了重要影响，对于黄金市场的影响也不容小觑。在利比亚战争的这段时间内，现货黄金价格一路上涨，从以前的资料中可知，到2011年金价已经连续上涨了10年左右，而利比亚战争爆发，使金价在高位上继续上涨更有动力。再如2011年5月1日本·拉登被击毙后，多年的紧张局势瞬间缓解，国际黄金价格便一夜之间应声崩盘，从1577美元附近下跌至1460美元左右，4天时间急跌100多美元，如图38所示。

地缘局势的动荡必然引起市场的恐慌，而人们珍藏黄金的很大一部分原因还是因为黄金的避险作用。我国自古就有“盛世古董，乱世黄金”这一俗语，可见黄金在兵荒马乱时期有着何其重要的价值。如果在历史中仔细搜寻，可以发现任何一次战争或政治局势的动荡都会促使黄金价格短期上涨，这是由黄金的保值属性所决定的。

地缘局势对于黄金价格的影响主要具有两个特点。一是突发性，发生地缘动荡，人们首先出于避险考虑而对黄金产生大量需求，这就使得黄金的价格瞬间被拉升；二是短暂性，虽然地缘性突发事件使得金价在短期内产生波

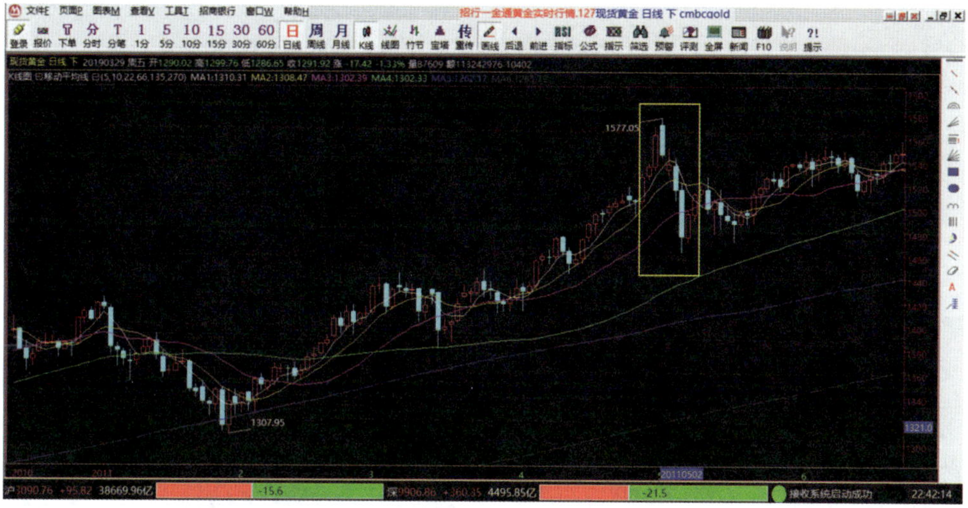

图38 2011年5月本·拉登被击毙后黄金指数下跌

动，但是由于黄金市场受到很多因素的影响，金价的这种短暂的刺激性增长并不会持续很长的时间。一般在短期的涨幅后会渐渐平复，回到原来的运行轨道上。

Section 7

第七节 世界金融危机对黄金价格的影响

假如出现了世界级银行倒闭的这种情况，金价会出现什么反应呢？因为金融危机的出现，人们自然都想保留现金在手上，所以银行会出现大量挤兑或破产倒闭现象。情况就像2001年的阿根廷金融危机一样，全国的人民都想从银行兑换美元，而国家为了保留最后机会，禁止美元兑换，从而不停地发生骚乱，全国陷入了恐慌之中。但当美国等西方大国的金融体系出现了不稳定的现象时，世界资金便会投向黄金，黄金需求增加，金价即会上涨。黄金在这时就发挥了“资金避难所”的功能。只有在金融体系稳定的情况下，投资人士才会对黄金失去投资兴趣，将黄金卖出，造成金价下跌。

Section 8

第八节 国际经济数据对黄金价格的影响

由于美国几乎每天都会公布新的数据或消息，所以每天打开电脑后，首先要查看最近几日公布的重要消息。这些消息会影响短期行情趋向。值得一提的是，消息方面主要是区分它们对黄金价格主要和次要的影响，再在前值和预期值参照下进行初步判断。其次是根据公布的时间窗口，然后再结合当前K线走势图进行分析，并判断出价格波动的趋势和幅度。并且，在股票市场早盘开盘时还要看是高开还是低开，高开或低开反映了市场投资者的意愿，是投资者期待当天股价上涨还是下跌的一种表现。而国际黄金市场只有在美国节假日之后开盘时，或每周一早盘开盘时价格的上涨或下跌，才可代表投资者短期的投资意愿。平常时间的开盘行情变化并不能代表投资者短期或当天的投资意愿。

一、观看经济数据的途径

除了之前列举的从宏观基本面影响黄金价格涨跌的几大主要因素之外，我们还需要在投资的时候，打开能实时刷新公布财经日历的网站，重点关注美国公布的经济数据，这些数据在美盘交易时段，在一定程度上能引起黄金价格波动。

美国所有的重要经济数据都可以在金十财经网站上进行查询，具体查询方法见图39～图44。点击其中一个数据后，会显示此数据具体过往以及最近的公布日期、前值和预期值等信息。

在财经日历里，可以根据输入日期查询过往消息。

图39　输入“www.jin10.com”

图40　金十财经网站每周一会公布本周所有重要经济数据以及财经报告等信息

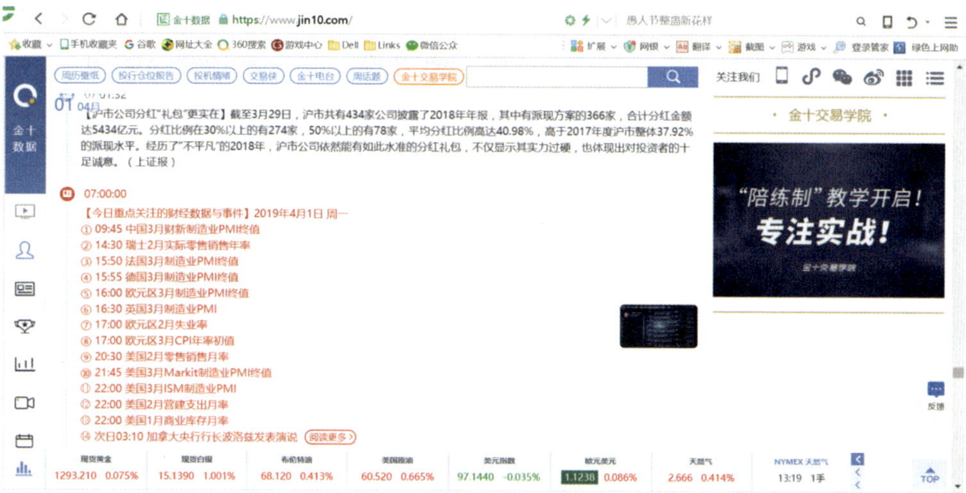

图41　金十财经网站每天早晨会公布当天重要经济数据

图42　点击界面左方，会出现数据中心与财经日历等重要指引

图43　查询重要经济数据

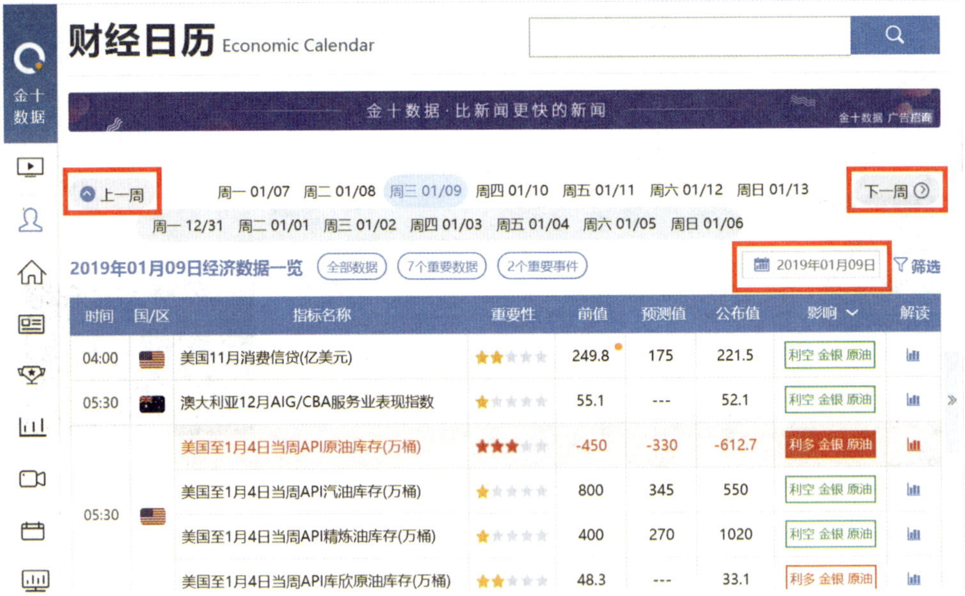

图44　财经日历

二、影响黄金价格涨跌的经济数据

1.美联储利率决定报告

美联储利率决定是对美国经济的一个研讨性总结，美联储利率决议就是围绕美元是否加息做出决定。美联储每年会按照年初计划，进行8次利率会议，会议的核心内容是商议美元的货币政策，即是否加息、降息或者进行资产购买、资产回笼的具体货币政策等，每一个动作都会深度影响美元的后期走势。按照目前的全球货币体系，大部分商品都是以美元计价的，所以美元的升值与贬值会影响或者决定商品价格的走势。美联储加息之后，美元汇率升高，比如美元可以兑换越来越多的日元、欧元。那么黄金的避险需求下降了，因此降价了，而且原油也会跟着降价。而美联储如果不加息，大家都不看好美元了，也不看好美国经济了，热钱都转移到黄金等品种去了，黄金就涨了，大概就是这样的逻辑。

例如北京时间2019年3月21日凌晨2:00，美联储宣布至2019年3月20日维持美国利率上限为2.5%，下限为2.25%。这一决定完全符合外界预期，但决议声明中释放了强烈的“鸽派”信号：美联储将今年加息次数预期从2次调降为0次，维持2020年加息1次的预测。虽美联储宣布利率维持不变符合预期，但决议“鸽派”（不加息，不看好美国经济）程度大超预期，预计今年内不加息，并明确计划2019年9月末停止缩表[①]。决议出炉后，国际黄金一度暴涨12美元至1313.46美元/盎司，美指急挫。2019年3月20日美联储利率决定报告如图45所示。

①缩表：资产负债表缩小。

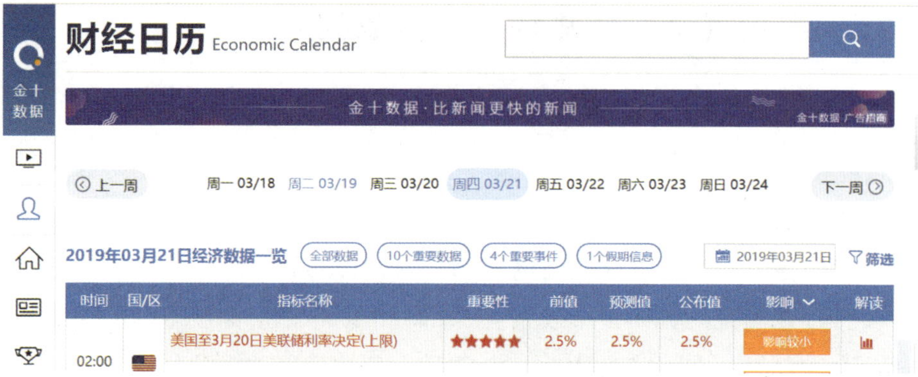

图45 2019年3月20日美联储利率决定报告

2.美国国内生产总值GDP

国内生产总值（GDP）是对经济活动最广泛的测定，也是经济健康度的一个重要指标。美国GDP每年（季度变化×4）的百分比变化显示了整体经济的增长率。现在消费是美国GDP中最大的一个部分，对美国GDP的影响最大。该数据每季之间都可能会有很大不同。通常美国GDP越高，意味着经济发展越好，利率趋升，汇率趋强，金价趋弱，反之亦然。投资者应考察该季度美国GDP与前一季度及去年同期数据相比的结果，增速提高，或高于预期，均可视为利好。美国国内生产总值GDP年化季率终值如图46所示。

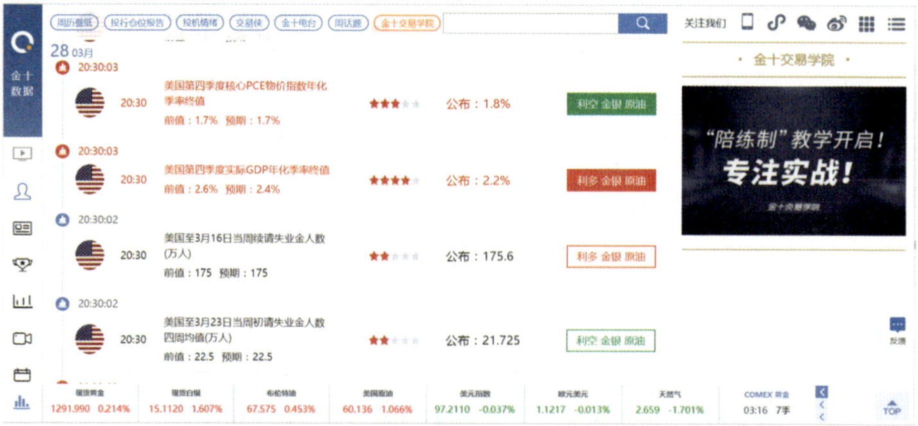

图46 美国国内生产总值GDP年化季率终值

3.美国非农数据

美国非农数据也叫美国非农业人口就业数据，其表现形式为每月非农业人口就业新增多少职位。美国非农数据会在每个月第一周的周五晚间公布，是每月最为重要的经济数据，每当这天来临，全世界的金融市场，都可能出现一场腥风血雨。它能反映出制造业和服务业的增长情况，数字增加则表明企业增加生产，经济步入扩张时期，是健康的经济状况，暗示美联储将要加息。由于加息将在其他条件保持不变的情况下引起本国货币的升值，从而利好美元，利空黄金。反之，公布的非农数据较差，就利好黄金，利空美元，它和美元正相关，和黄金则是反向关系。

每次只要发布这个数据，就会造成股市、期货、外汇等市场的剧烈震荡，它是一波趋势的转折点，或者是盘整行情的突破点，如果能准确捕捉到交易机会，将使投资者获利不菲，如果做错方向，也将损失惨重。美国非农数据内容如图47所示。

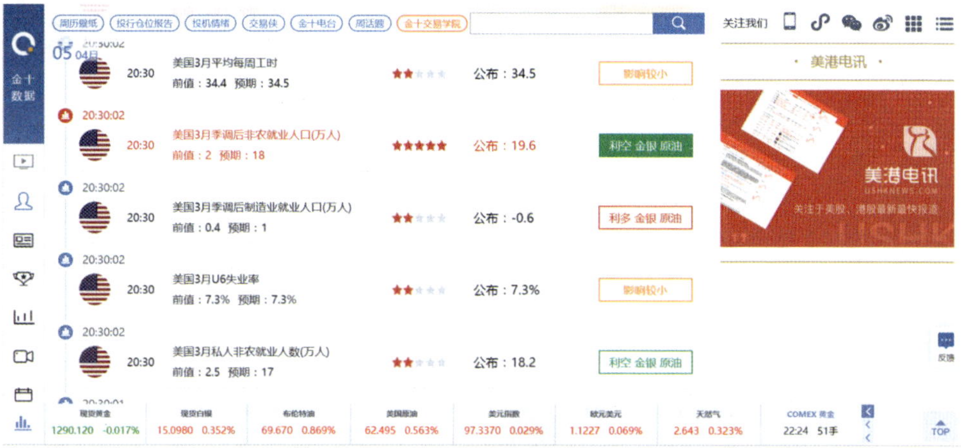

图47　美国非农数据

4.美国失业率

美国失业率由美国劳工部公布，每月一次（每月的第一个周五公布，遇到特殊节假日或统计周期问题除外）。失业率（Unemployment Rate），也是美国就业报告中的另外一个项目，是指一定时期内，失业人口（一定时期全部就业人口中有工作意愿而仍未有工作的劳动力数字）占劳动人口的比率，旨在衡量闲置中的劳动产能，是反映一个国家或地区失业状况的主要指标。

失业率是最重要的经济指标之一，深受劳动市场供需以及经济循环的影响，失业率的高低，也反映了经济的运行状况。尽管被视为滞后指标，失业率仍是衡量总体经济健康状况的重要信号，因为消费者支出与就业市场条件高度关联。美国失业率上升，预示消费减弱，对经济发展不利，预期美元下跌，黄金上涨；美国失业率下降，说明经济好转，预期美元上涨，黄金下跌。美国失业率内容如图48所示。

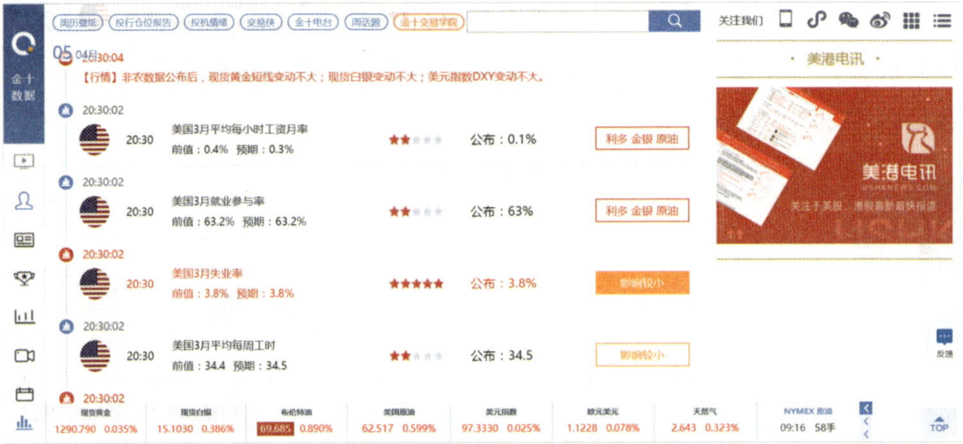

图48　美国失业率

5.美国消费者物价指数（CPI）月率

消费者物价指数（CPI）是衡量消费品和劳务价格变化的指标。CPI从消费者的角度衡量价格变化，它是衡量购买趋势变化和通货膨胀的重要方法。CPI是反映与居民生活有关的消费品及服务价格水平的变动情况的重要宏观经济指标，也是宏观经济分析与决策以及国民经济核算的重要指标。一般来说，CPI的高低直接影响着国家的宏观经济调控措施的出台与力度，如央行是否调息、是否调整存款准备金率等。同时，CPI的高低也间接影响资本市场（如股票市场、期货市场）的变化。将美国消费者物价指数（CPI）与非农数据结合在一起，就成了金融市场上另一个值得仔细研究的热门经济指标。

如果美国CPI指数比预期高，则应认为美元强势／看涨（通常对抗通货膨胀的方法就是提高利率），黄金看跌；而如果美国CPI指数比预期低，则应认为美元弱势／看跌，黄金看涨。美国CPI月率内容如图49所示。

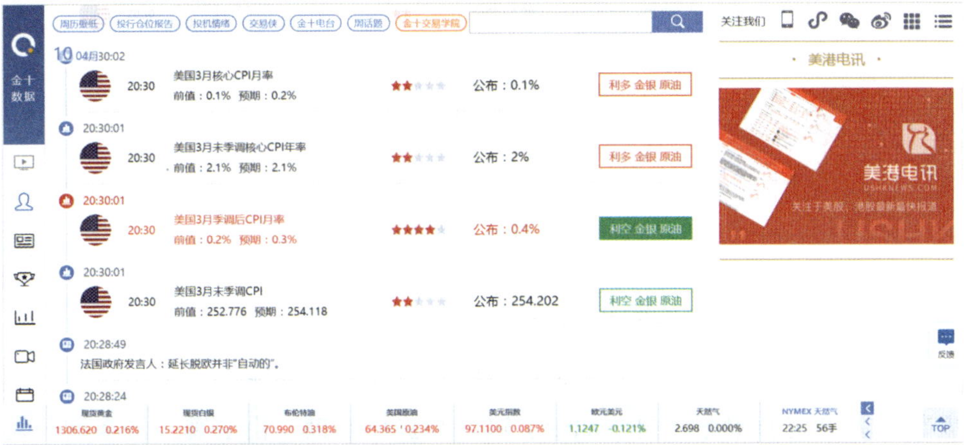

图49　美国CPI月率

6.美国初请失业金人数

初请失业金人数数据是市场上最为瞩目的经济指标之一。初请失业金人数是反映其国内劳动力市场状况的指标之一，统计的是第一次申请领取失业金的人数。美国初请失业金人数数据每周都公布，是投资市场的焦点所在，如果失业人数大幅增加，美国政府的财政压力也就随之增加。美国是个完全消费型的社会，消费意欲是其经济发展的最大动力所在，如果每周因失业而申请失业救济金人数增加，会严重打击大众消费信心，这就代表整体经济发展放缓衰退。该项数据越低，说明劳动力市场改善，经济增长的前景乐观，这就代表整体经济健康发展，利好美元，利空黄金。美国初请失业金人数内容如图50所示。

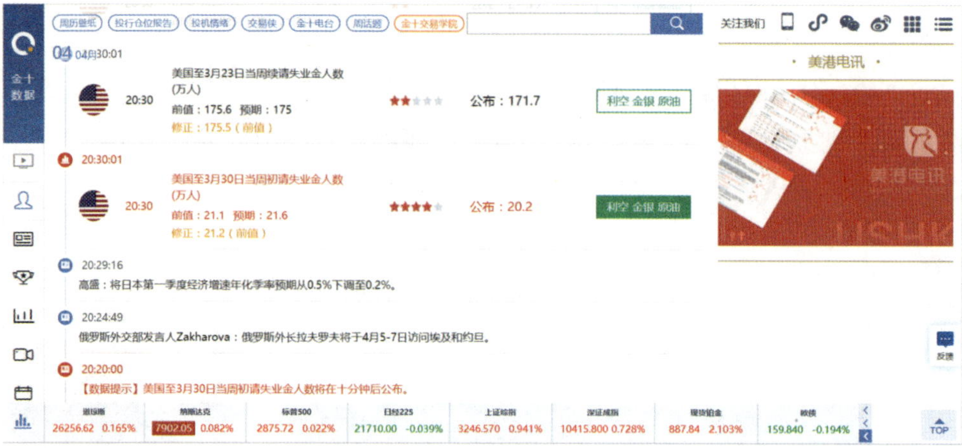

图50 美国初请失业金人数

7.美国ADP就业人数报告

美国ADP就业数据是每月非农数据发布前备受关注的经济指标。它由安德普人力资源服务公司（ADP）冠名和提供赞助，由宏观经济咨询公司Macroeconomic Advisers（宏观经济顾问）负责制定和维护。此数据采集自约50万家匿名美国企业，是对美国就业情况的反映。就业数据是消费者支出的领先指标，占总体经济活动中的大部分。它比美国劳工部公布的官方非农数据提前两天公布，被看作是非农数据的先行指标，更是被市场普遍称为“小非农”。如果该指标比预期高，则应认为美元强势/看涨，黄金看跌；而如果该指标比预期低，则应认为美元弱势/看跌，黄金看涨。美国ADP就业人数报告内容如图51所示。

图51　美国ADP就业人数报告

8.美国核心PCE①物价指数年率

美国核心PCE物价指数年率是讨论通货膨胀时最常提及的物价指数之一，是美国商务部每月衡量通货膨胀公布的数据。由美国商务部经济分析局最先推出，并于2002年被美联储的决策机构联邦公开市场委员会（FOMC）采纳为衡量通货膨胀的一个主要指标。指数上升，有通货膨胀的压力，此时中央银行可能借调高利率来加以控制，利多美元，利空黄金。反之指数下降，利空美元，利多黄金。美国核心PCE物价指数年率内容如图52所示。

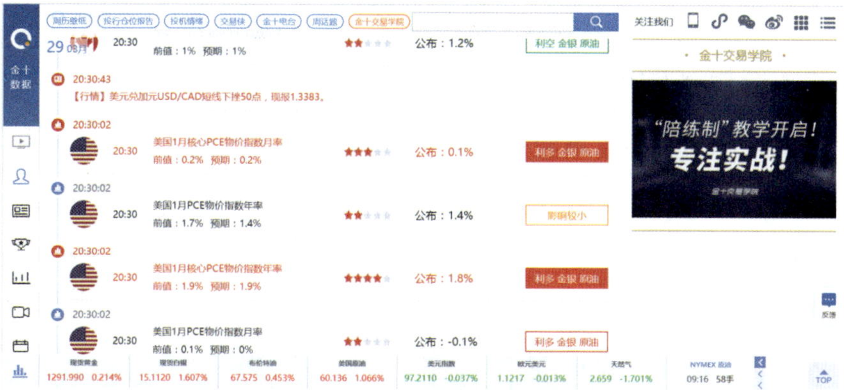

图52　美国核心PCE物价指数年率

①PCE：个人消费支出平减指数（CTPIPCE）的缩写。

9.美国能源信息署（EIA）原油库存数据

美国EIA原油库存数据由美国能源信息署统计公布原油库存的变化，实际上反映了美国政府对油价的态度。此数据主要反映了美国当周原油库存数量，对于沥青及原油提炼品（燃油、柴油等）有较大影响。同时对原油市场、外汇市场以及黄金等贵金属市场都会造成一定的影响，投资者需密切关注。一般来说数据大于预期，利多美元，利空黄金。反之，数据小于预期，利空美元，利多黄金。美国EIA原油库存数据内容如图53所示。

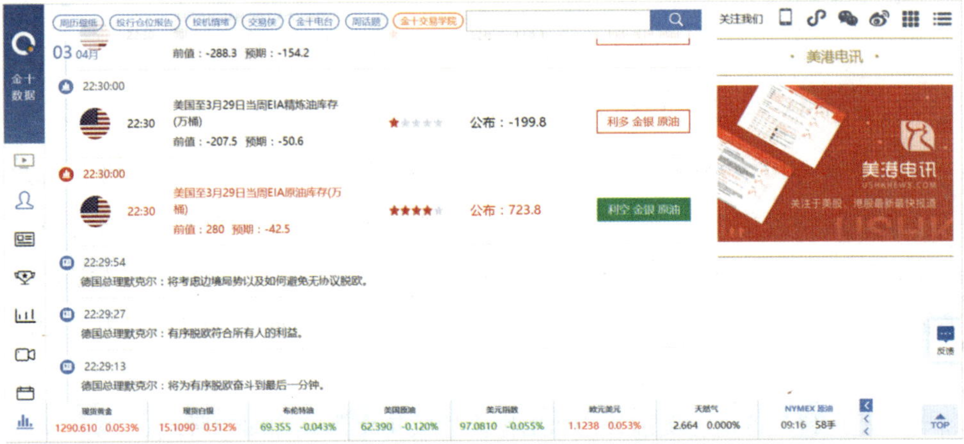

图53 美国EIA原油库存数据

10.美国零售销售月率

美国零售销售指数是用以衡量消费者在零售市场的消费金额变化，核心零售销售数据由剔除汽车、食品和能源的零售数据统计得出。如果零售额提升，代表个人消费支出的增加，则经济情况好转，利率可能升高，利多美元，利空黄金。反之如果零售额下降，则代表景气趋缓或不佳，利率可能调降，利空美元，利多黄金。美国零售销售月率内容如图54所示。

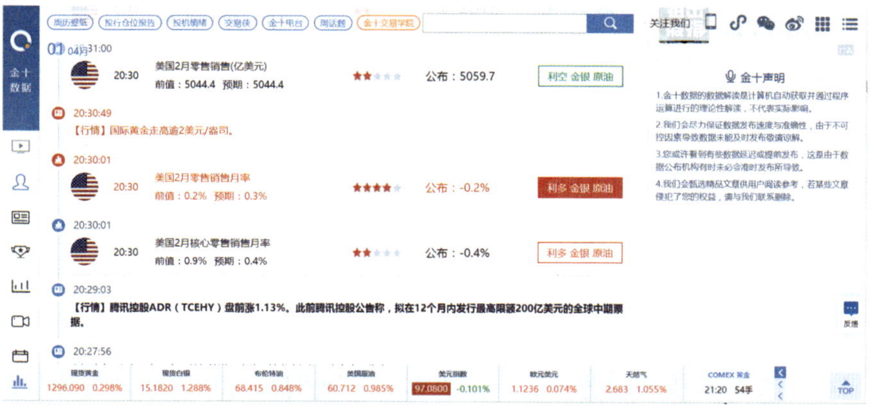

图54　美国零售销售月率

11.美国谘商会消费者信心指数报告

个人消费支出占美国经济总量的三分之二，对于美国经济有着重要的影响。消费者信心指数稳步上涨，表明消费者对未来收入预期看好，消费支出有扩大的迹象，从而有利于经济走好。每月公布两次消费者信心指数，一次是在月初，一次是在月末。

消费者信心指数上升，预计消费增长，美联储将提高利率，利好美元，利空黄金；消费者信心下降，预计消费减少，美联储将下调利率，利空美元，利好黄金。美国谘商会消费者信心指数内容见图55。

图55　美国谘商会消费者信心指数

12.美国生产者物价指数（PPI）月率

美国生产者物价指数（PPI）月率，主要用于衡量美国各种商品在不同生产阶段的价格变化情况，与美国消费者物价指数（CPI）一样，通常作为观察美国通货膨胀水平的重要指标。生产者物价指数（PPI）是国内生产者所获得的消费品和劳动力的销售价格平均变动的通胀指标。PPI从消费者的角度衡量价格变化。PPI对以下三个生产领域进行调查：工业、商品及加工阶段的公司。

当生产者向消费品和劳动力支出更多时，他们很可能将该部分增加的成本加给消费者，所以PPI被认为是消费者物价指数的领先指标。如果该指标比预期更高，则应认为美元强势／看涨，黄金看跌；而如果该指标比预期更低，则应认为美元弱势／看跌，黄金看涨。美国生产者物价指数（PPI）月率内容如图56所示。

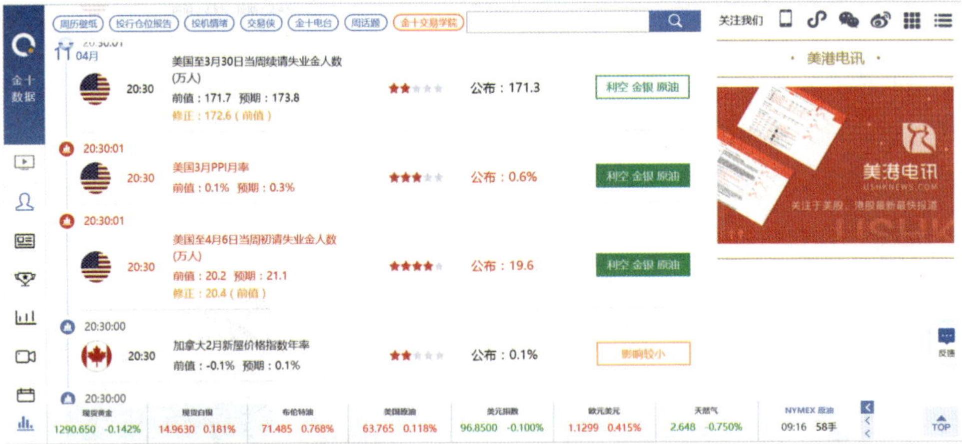

图56　美国生产者物价指数（PPI）月率

13.美国进口物价指数

美国进口物价指数由美国劳工部公布。进口物价指数是指一个国家在一定的时段内，所进口商品的平均价格变化的一种指数。进口物价指数可能会对未来通胀产生影响，如果生产企业无法消化进口商品的物价上升，最终将推高产品出厂价格，并传至最终消费领域，推高通货膨胀。

购买进口商品的成本越高，人们感受到的通货膨胀压力越大，美联储就越有可能提升利率以压制通货膨胀。因此，如果进口物价指数高于预期将利好美元，利空黄金；反之，如数据低于预期则利空美元，利多黄金。美国进口物价指数内容如图57所示。

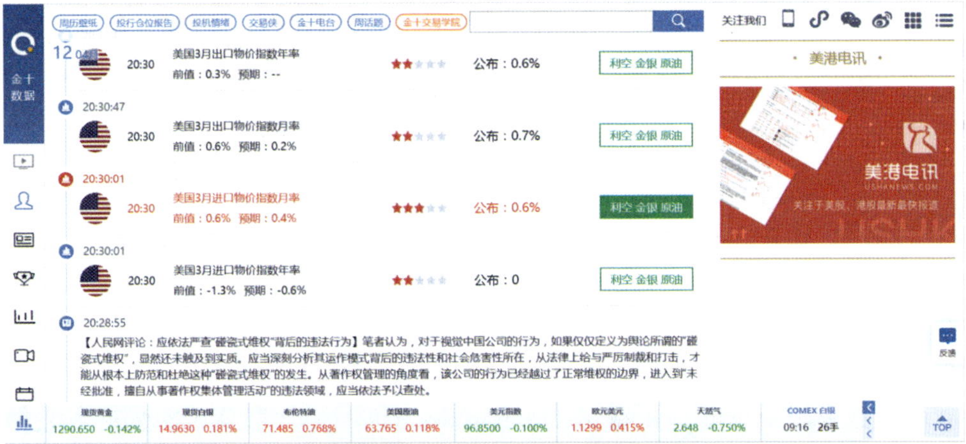

图57　美国进口物价指数

14.美国工厂订单月率

美国工厂订单月率是美国商务部公布的月度数据报告，代表了美国制造业新采购订单总量的变化，多为每月第一周公布上月数据。工厂订单数是衡量工厂新的耐用品和非耐用品订单的美元水平的指标，它包括了早期公布的耐用品订单数和非耐用品订单数，这就是此报告极富预测价值的原因。工厂订单数据发布时，通常也同时发布对前期耐用品订单数据的修改。

如果当月公布的美国工厂订单月率值好于预期，则应认为美元强势／看涨，黄金看跌；而如果该指标比预期更低，则应认为美元弱势／看跌，黄金看涨。美国工厂订单月率内容如图58所示。

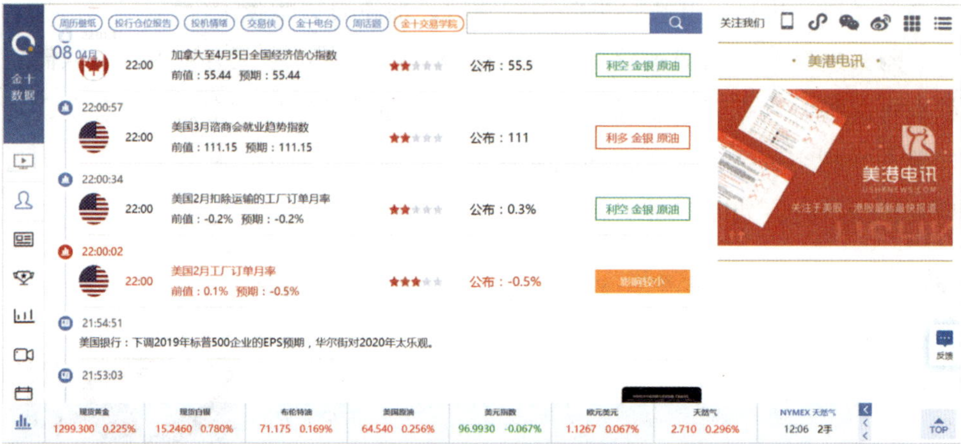

图58　美国工厂订单月率

15.美国成屋签约销售指数年率

美国成屋签约销售指数年率是由美国全国房地产经纪人协会每月将前一个月居住房屋销售的年化数据（不包括新建筑）统计后公布的数据。美国房地产行业协会研究部每月接收650多个房地产经纪人组织和协会及全国多元报价系统关于单一家庭成屋销售情况的数据。成屋销售年化总数被看作是判断经济健康与否的领先指标，之所以这样说是因房屋销售会触发广泛的影响。例如，新的房屋拥有者需要装修，金融银行出售抵押凭证，以及中介收费等。此报告有助于分析美国房地产市场的实力，进而有助于分析整体经济。

如果该指标比预期高，则应认为美元强势／看涨，黄金看跌；而如果该指标比预期低，则应认为美元弱势／看跌，黄金看涨。美国成屋签约销售指数年率内容如图59所示。

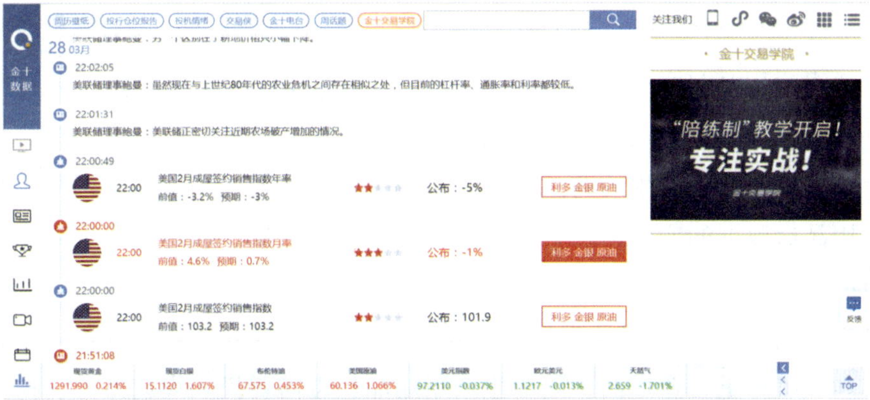

图59　美国成屋签约销售指数年率

16.美国新屋销售总数年化

美国新屋销售年化数据是指签订出售合约的房屋数量，由于购房者通常都是通过抵押贷款、按揭贷款形式认购房屋，因此对当前的抵押贷款利率比较敏感。房地产市场状况体现出居民的消费支出水平，消费支出若强劲，则表明该时期经济运行良好。因此，一般来说，新屋销售增加，理论上对于美元是利好因素，将推动美元走强，利空黄金；销售数量下降或低于预期，将对美元形成压力，利多黄金。美国新屋销售总数年化内容如图60所示。

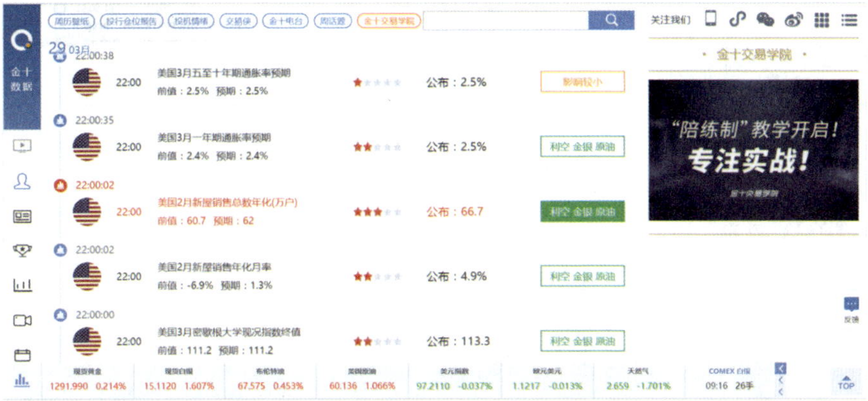

图60　美国新屋销售总数年化

17.美国耐用品订单月率

美国耐用品订单数据代表未来一个月内，对不易耗损的物品的订购数量，该数据反映了制造业活动情况，就定义而言，订单泛指有意购买、预计马上产生或在未来产生的商品交易。市场也较注重扣除国防部门用品及运输部门用品后数据的变化情况，剔除这两项之后的数据，被用以衡量商业投资价值的高低。美国商务部公布的耐用品订单数据是指制造商接收到的生产耐用品订单总数量，耐用品是指计划持续使用3年或3年以上的商品，比如机动车和飞机等重工业产品。因为生产耐用品经常需要投入大量人力、物力和财力，所以对美国经济的发展有很大的影响力。最终的数据显示了美国制造业的活跃程度。如果该指标比预期更高，则应认为美元强势/看涨，黄金看跌；而如果该指标比预期更低，则应认为美元弱势/看跌，黄金看涨。美国耐用品订单月率内容如图61所示。

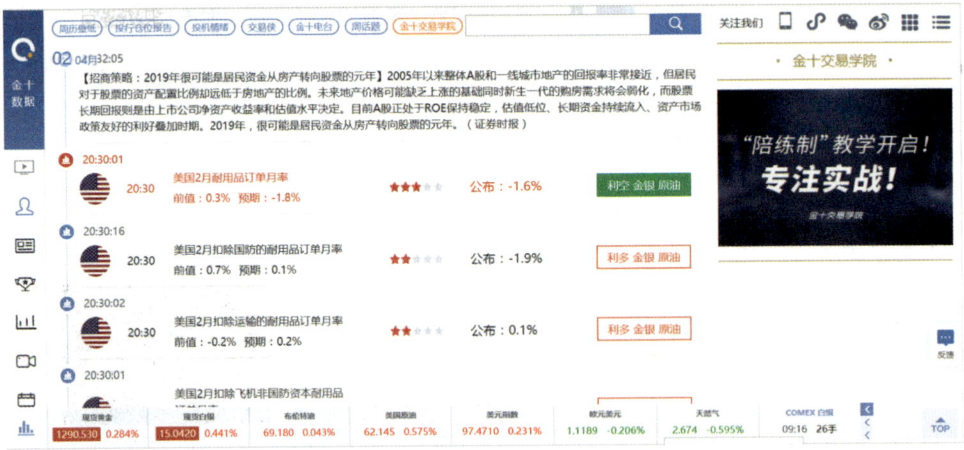

图61　美国耐用品订单月率

18.美国Markit服务业PMI终值

美国Markit服务业采购经理指数PMI是反映美国经济变化趋势的月度指

数，由全球金融数据提供商Markit公司发布数据报告。美国Markit服务业PMI即由Markit公司发布的服务业采购经理指数，是通过对采购经理的月度调查汇总出来的指数。服务业采购经理指数是以百分比来表示，常以50%作为经济强弱的分界点。当指数高于预期时，被解释为经济扩张的讯号，利多美元，利空黄金。当指数低于预期，尤其是非常接近40%时，则有经济萧条的忧虑，一般预期美联储可能会调降利率以刺激经济，利空美元，利多黄金。美国Markit服务业PMI终值内容见图62。

图62　美国Markit服务业PMI终值

19.美国Markit制造业PMI终值

全球金融数据提供商Markit公司对600名左右的经理人进行调查，内容包括受访者对就业、产出、新订单、价格、库存等方面的评估，得出制造业PMI，即制造业采购经理指数。它是反映经济状况的领先指标，因为企业能对市场环境迅速作出反应。外汇投资者通过观察这类数据的变化，对美国经济前景作出判断，进而影响到汇市、金市走势。Markit公司发布的制造业采购经理指数反映了美国制造业的综合发展状况。因制造业在美国的GDP中占有较大比重，所以制造业采购经理指数也是评估美国商业环境和整体经济状况的重要指标。一般来说，制造业采购经理指数常以50%作为分界点，当指数高于预期时，被解释为经济扩张的讯号，利多美元，利空黄金。当指数低于预期时，尤其是非常接近40%时，则有经济萧条的忧虑，一般预期美联储可能会调降利率以刺激经济，利空美元，利多黄金。美国Markit制造业PMI终值内容见图63。

图63 美国Markit制造业PMI终值

20.美国ISM制造业PMI

美国供应管理研究所（ISM）制造业PMI所跟踪的是上月发生的制造业活动的数量。此数据被认为是十分重要且十分可信的经济数据。如果此指数低于50%，由于活动的增加，它倾向于表示经济不景气，特别是该趋势持续几个月的时候。指数持续高于50%，表示很可能有一段时间的经济增长。ISM制造业PMI是通过对50个国家的20种行业中超过400家公司进行调查而获得的。

ISM制造业PMI的领先性质已经多次被证实。在衰退期，指数的底部可能会领先于经济循环转折点之前几个月出现。如果该指标比预期更高，则应认为美元强势/看涨，黄金看跌；而如果该指标比预期更低，则应认为美元弱势/看跌，黄金看涨。美国ISM制造业PMI内容见图64。

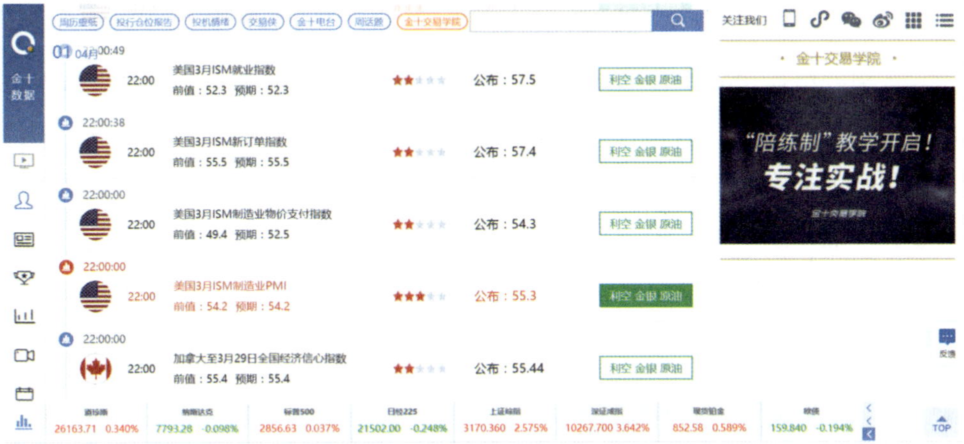

图64　美国ISM制造业PMI

21. 美国ISM非制造业PMI

美国供应管理研究所（ISM）非制造业（也称为ISM服务业）PMI所跟踪的是前一个月发生的非制造业活动的数量。任何超过50%的指数表示扩大，小于50%的表示缩小。它对于GDP的影响比ISM制造业PMI的要小得多。如果该指标比预期更高，则应认为美元强势／看涨，黄金看跌；而如果该指标比预期更低，则应认为美元弱势／看跌，黄金看涨。美国ISM非制造业PMI内容见图65。

图65　美国ISM非制造业PMI

22.美国营建许可总数

美国营建许可总数说明了政府许可的新建筑项目数量，是衡量房地产市场状况的重要指标。营建许可总数是一项领先指标，预示未来房地产建筑行业的运行方向。因为住宅建设的变化将直接指向经济衰退或复苏。若营建许可总数增加，预示未来房产市场活跃，对美元有利。

如果该指标比预期更高，则应认为美元强势／看涨，黄金看跌；而如果该指标比预期更低，则应认为美元弱势／看跌，黄金看涨。美国营建许可总数内容见图66。

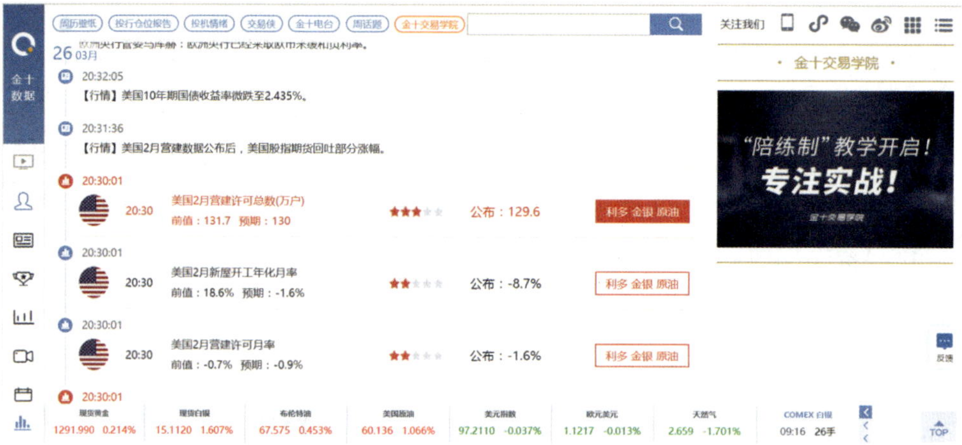

图66 美国营建许可总数

23.美国营建支出月率

美国营建支出指当期全国用于基本建设方面的支出总额。美国商务部公布的营建支出数据包括三个方面的主要内容：一是非居民基建支出；二是居民基建支出；三是公共设施基础建设支出。数据测算包括在工程期内的劳工和原材料成本、建筑和工程工作、日常开支、利息和缴税支出，以及承包商的利润。如果该指标比预期更高，则美元预期看涨，黄金预期看跌；反之，如果该指标比预期更低，则美元预期看跌，黄金预期看涨。美国营建支出月率内容见图67。

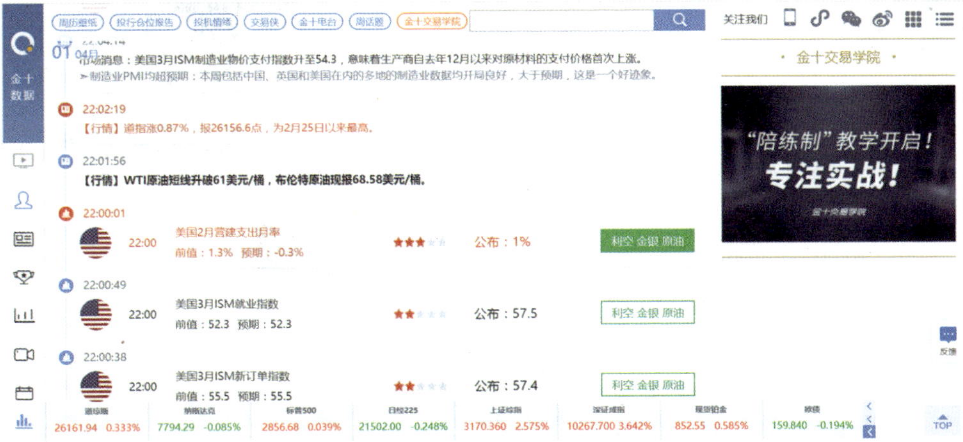

图67 美国营建支出月率

24.美国密歇根大学消费者信心指数

路透社／密歇根大学（Reuters／University of Michigan）发表的密歇根大学消费者信心指数（Reuters／Michigan Consumer Sentiment Index）是评估消费者对个人收入、商业环境和购买力的信心数据，基于对数百个受访者的电话调查。路透社／密歇根大学消费者信心调查以其时效性著称，被认为是美国消费者信心中最及时的指标之一。消费者信心下降通常伴随着收入或工资下降、先于消费者支出减少。美国密歇根大学消费者信心指数下降被认为是经济放缓的早期迹象，因此，投资者、零售商和贸易商均关注该指标，以此衡量总体经济的健康状况。总体上讲，如数据高于预期将利好美元，利空黄金；数据低于预期将利空美元，利多黄金。美国密歇根大学消费者信心指数内容见图68。

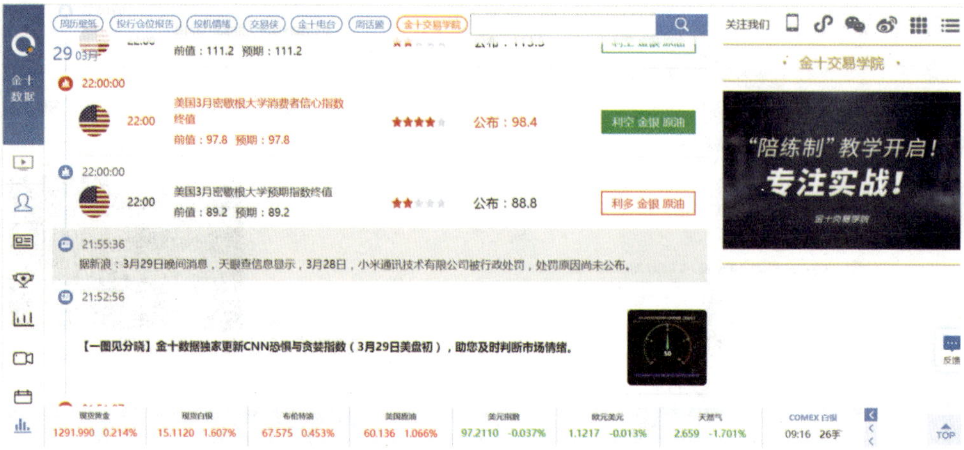

图68　美国密歇根大学消费者信心指数

25.美国挑战者企业裁员人数

总部位于芝加哥的就业资讯公司Challenger, Gray&Christmas, Inc. 通过对企业的裁员情况调查，每月公布裁员统计数据，反映就业市场的变化趋势。裁员人数的变化，反映了企业用工情况的好坏。裁员人数在美国劳工部官方非农就业报告公布的前一天公布，但对市场的影响不及提前非农就业数据两天公布的ADP就业报告。若裁员人数增加，显示就业市场恶化，将对美元产生利空影响，对黄金产生利多影响；反之，若裁员人数减少，显示就业市场稳步向前，将对美元产生利多影响，对黄金产生利空影响。美国挑战者企业裁员人数内容如图69所示。

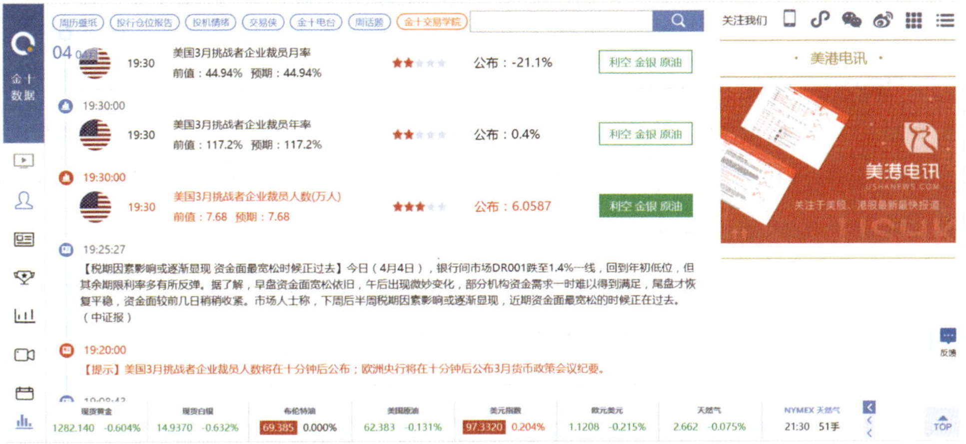

图69　美国挑战者企业裁员人数

26.美国S&P／CS20座大城市房价指数年率

标准普尔公司统计美国20座大城市的房价变化数据，以衡量美国房地产市场的健康状况，此数据是衡量美国房屋市场景气的重要指标。如果房价上涨，表明购房需求强劲，有利于刺激房地产市场蓬勃发展。因此，房价上涨，利好美元，利空黄金；房价下跌，利空美元，利好黄金。美国S&P／CS20座大城市房价指数年率内容如图70所示。

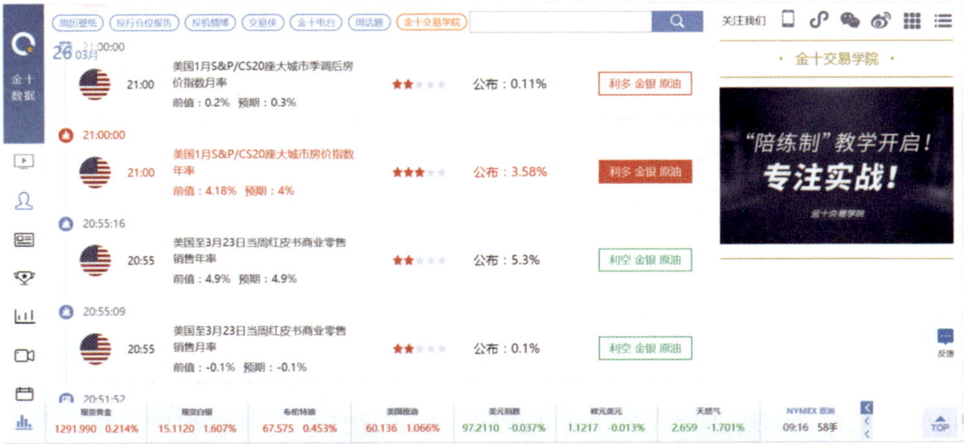

图70　美国S&P／CS20座大城市房价指数年率

27.美国贸易账

贸易账反映了国与国之间的商品贸易状况，是判断宏观经济运行状况的重要指标。进口总额大于出口总额，便会出现“贸易逆差”的情形；如果出口总额大于进口总额，便称之为“贸易顺差”；如果出口总额等于进口总额，就称之为“贸易平衡”。

如果一个国家经常出现贸易逆差现象，国民收入便会流出国外，使国家经济表现转弱。政府若要改善这种状况，就必须使国家的货币贬值，因为币值下降，等于变相把出口商品价格降低，可以提高出口产品的竞争能力。国际贸易状况是影响外汇汇率十分重要的因素。因此，当美国外贸赤字扩大时，就会利空美元，令美元下跌，利多黄金；反之，当出现外贸盈余时，则是利好美元，利空黄金。美国贸易账内容如图71所示。

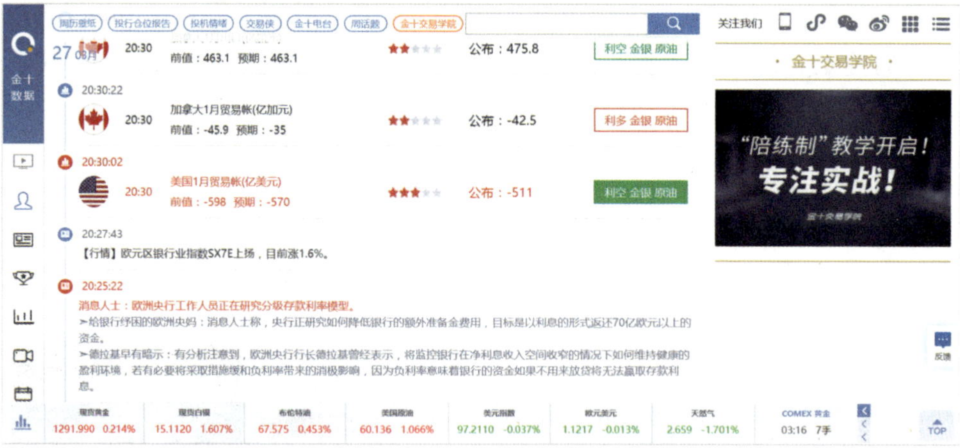

图71 美国贸易账

28.美国商业库存月率

美国商务部公布的商业库存是指处于储备状态的商品，包括工厂库存、批发业库存和零售业库存，主要用以评估生产循环状况。它衡量了制造商、零售商与批发商之间库存量的月度变化百分比。库存量的显著增加或减少与市场状况和经济兴衰有直接的关系。评估该数据变化趋势对经济的指引作用时需要特别考虑经济大环境走势。库存低于适当水准，将增加生产，经济向好，对美元有利，黄金预期下跌；反之，如果库存高于预期水准，将对美元利空，对黄金利多。美国商业库存月率内容见图72。

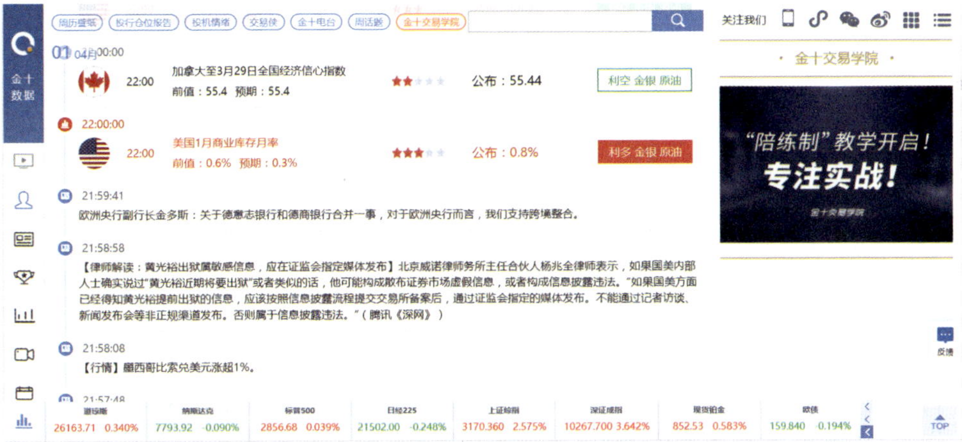

图72　美国商业库存月率

29.美国API原油库存

API（美国石油协会）原油库存数据每周三定期发布，公布时间为北京时间每周三凌晨04:30（夏令时）、05:30（冬令时）。API原油库存反映了美国原油、汽油和蒸馏油库存的1600报告的原油库存水平，该数据表明现在有多少原油库存和产品，因此可以根据API原油库存数据了解原油的供应将持续多久。该数据按照产品和地区来表示美国石油需求，同时监控美国原油生产和原油进口及成品油的数量。该库存数量变化将影响国际原油价格，理论上若库存相比预期减少则将使原油价格上涨，利多黄金；库存相比预期增加则将使原油价格下跌，利空黄金。美国API原油库存如图73所示。

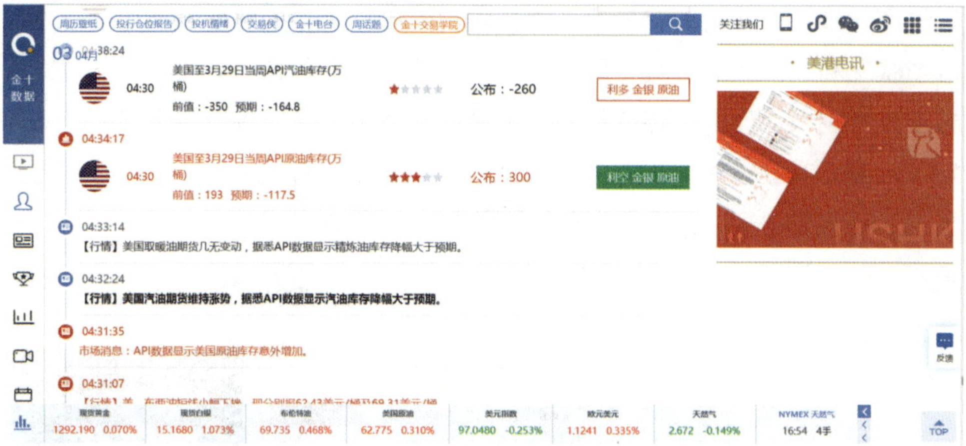

图73　美国API原油库存

30.美国经常账

经常账为一国收支表上的主要项目，内容记载一个国家与外国包括因为商品与劳务进出口、投资所得、其他商品与劳务所得以及片面转移等因素所产生的资金流出与流入的状况。如果其余额是正数（顺差），表示本国的净国外财富或净国外投资增加，对本国货币是利好。如果是负数（逆差），表示本国的净国外财富或投资减少。

如果美国经常账顺差相比预期扩大，则该国货币升值，利好美元，利空黄金；反之比预期减少，则利空美元，利多黄金。如果美国经常账逆差相比预期扩大，则该国货币贬值，利空美元，利好黄金；反之比预期减少，则利多美元，利空黄金。美国经常账内容如图74所示。

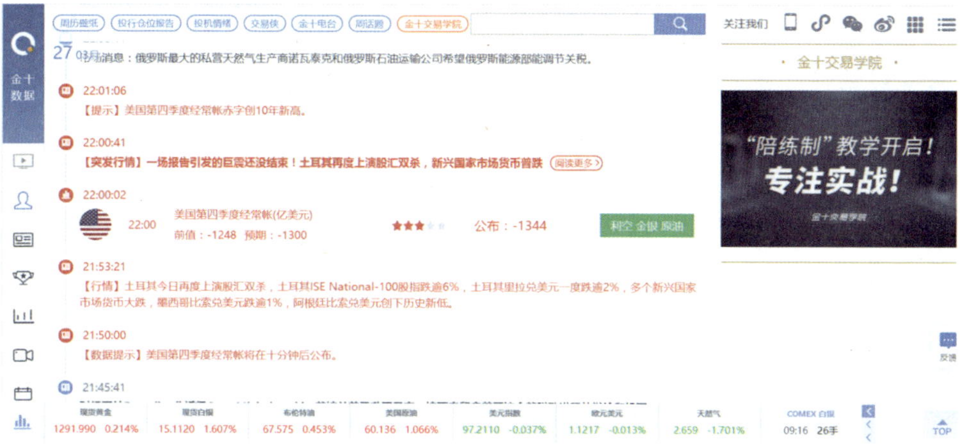

图74　美国经常账

31.美国当周石油钻井总数

贝克休斯公司每周对美国、加拿大地区的石油钻井活动进行统计。石油钻井平台数量的变化影响市场对全球原油供应情况的反应。若石油钻井平台增加，则会增加市场对供应过剩情况的担忧，油价将会下跌，则黄金会预期下跌；反之，油价将会走高，则黄金会预期上涨。美国当周石油钻井总数内容如图75所示。

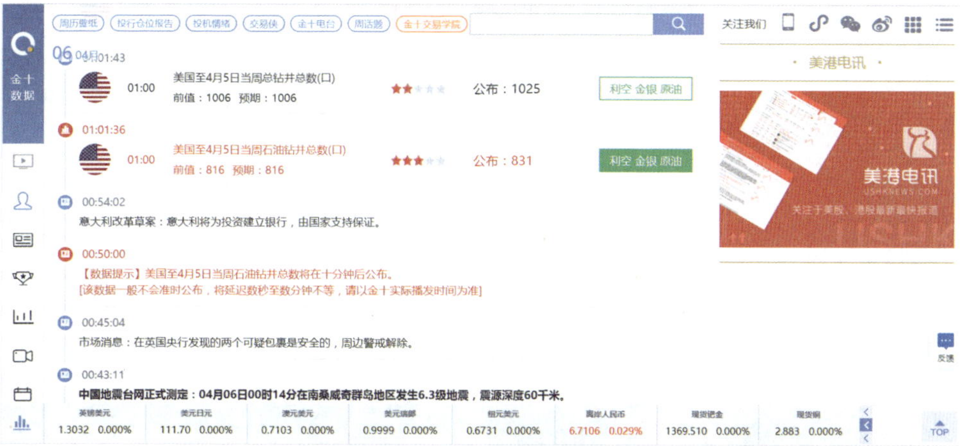

图75　美国当周石油钻井总数

第三章
K线组合及形成理论

导读

大部分的金融交易教材上都只是单纯解释了K线组合的应用。但K线组合的形成原理到底是什么？明白了K线组合形成原理对我们的实战操作肯定是有好处的。明白了大小周期的转换原理后，我们可以在相对小周期中更及时地观察、进单以及止盈。尤其是我们所从事的黄金交易，K线运行虽然比较规律，但同时也极易受到国际各大经济数据的消息影响，那么当消息突然来临引起行情的瞬间变化时，如果我们懂得大小周期的转换原理，我们就能及时切换至小周期图去观察，迅速对行情做出反应，从而对我们的交易，会产生至关重要的影响。同时，K线组合虽然不如K线形态重要，但如果K线组合出现在比较重要的位置，例如一轮上涨后的高位或一轮下跌后的低位，那么也很有参考价值。

Section 1

第一节　K线的定义

K线图这种图表源于日本德川幕府时代，当时K线图被日本米市的商人用来记录米市的行情与价格波动，后因其细腻独到的表示方式被引入到股市及期货市场。目前，这种图表分析法在我国甚至整个东南亚地区都非常流行。由于用这种方法绘制出来的图形颇似一根根蜡烛，加上这些蜡烛有黑白之分，因而也叫阴阳线图表。通过K线图，我们能够把每日或某一周期的市况表现完全记录下来，股价经过一段时间的盘整后，在图上形成一种特殊区域或形态，不同的形态显示出不同的意义。我们可以从这些形态的变化中摸索出一些有规律的东西出来。

K线图由每个分析周期的开盘价、最高价、最低价和收盘价绘制而成。以绘制日K线为例，首先确定开盘和收盘的价格，将它们之间的差价部分画成矩形实体。如果收盘价格高于开盘价格，则收盘价在上开盘价在下，此时的K线被称为阳线，用红色实体表示。反之如果收盘价低于开盘价格，则收盘价在下开盘价在上，此时的K线被称为阴线，用绿色实体表示。现在的很多软件都可以用彩色实体来表示阴线和阳线，在国内股票和期货市场，通常用红色表示阳线，绿色表示阴线。但涉及欧美股票及外汇市场的投资者应该注意：在这些市场上通常用绿色代表阳线，红色代表阴线，和国内习惯刚好相反。用较细的线将最高价和最低价分别与实体连接。最高价和实体之间的线被称为上影线，最低价和实体间的线称为下影线。用同样的方法，如果用一分钟价格数据来绘制K线图，就称为1分钟K线。用1个月的数据绘制K线图，就称为月K线图，意思就是在日线图中，一根K线就代表1天；在周线图中，一根K线就代表1周；在1分钟图中，一根K线就代表1分钟。再进一步讲，日线图中的一根K线是由24根60分钟图的K线上下波动综合形成，60分钟图中的一根K线是由60根1分钟图的K线上下波动综合形成。

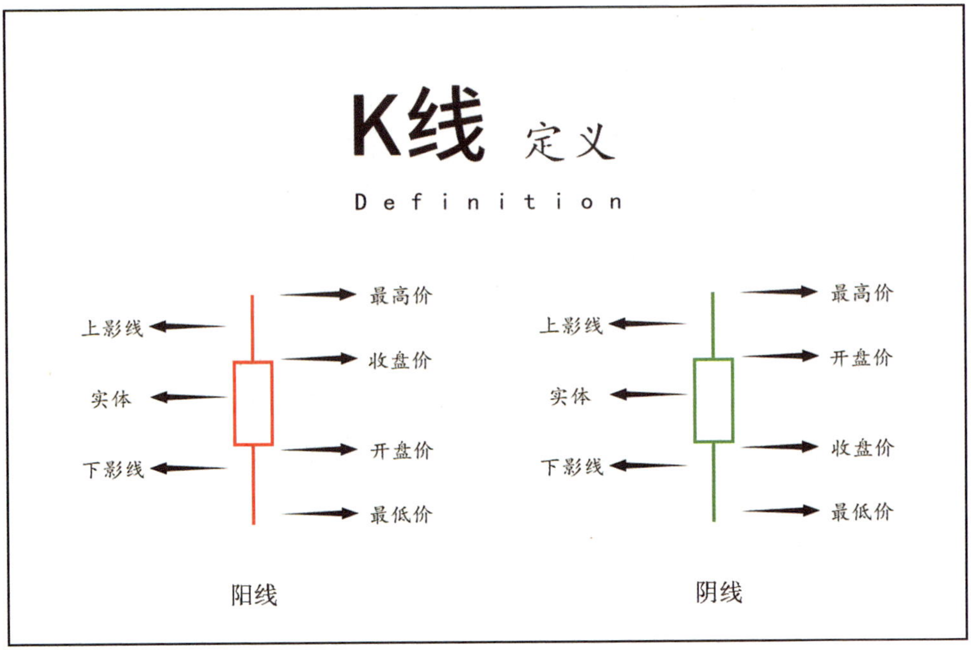

图76　K线定义

Section 2

第二节 K线的分类

K线从形态上可分为阳线、阴线和同价线3种类型。阳线是指收盘价高于开盘价的K线，阳线按其实体大小可以分为大阳线、中阳线和小阳线。阴线是指收盘价低于开盘价的K线，阴线按其实体大小可以分为大阴线、中阴线和小阴线。同价线是指收盘价等于开盘价，两者处于同一个价位的一种特殊形式的K线。同价线常以“十”字形和“T”字形表现出来，故称十字线、T字线。同价线按上下影线的长短、有无，又可以分为长十字线、十字线、T字线、倒T字线、一字线等。

K线从时间上可以分为年K线、月K线、周K线、日K线以及将1日内交易

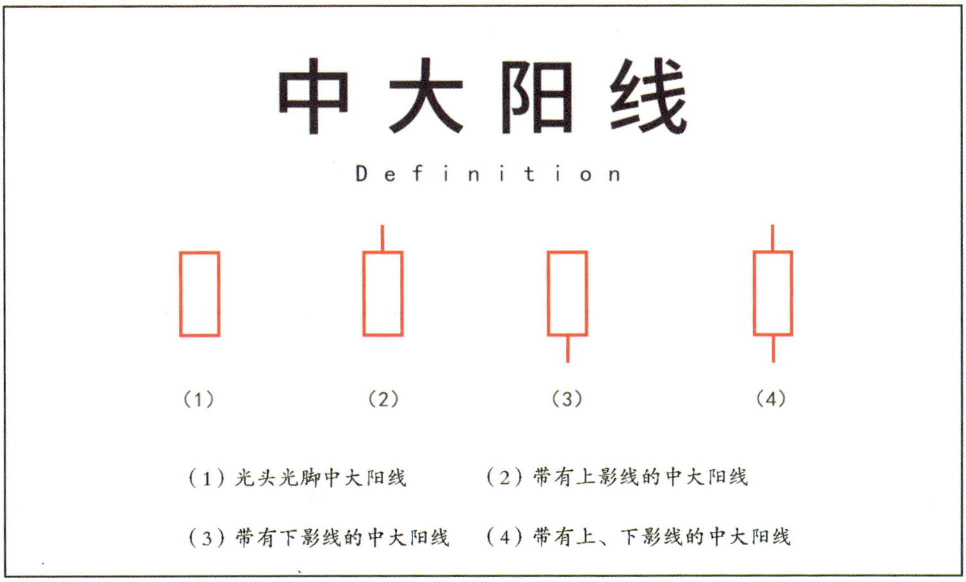

图77　中大阳线

时间分成若干等分，如60分钟K线、30分钟K线、15分钟K线、5分钟K线等。

日K线（即我们经常在证券报刊上看到的一种K线），它反映的是股价短期1日的走势；周K线、月K线、年K线反映的是价格中长期的走势；60分钟K线、30分钟K线、15分钟K线、5分钟K线反映的是价格超短期的走势。

各种K线的绘制方法都和日K线绘制方法相同，即取某一时段的开盘价、收盘价、最高价、最低价进行绘制。例如周K线，只要找到周一的开盘价、周五的收盘价、一周中的最高价和最低价就能绘制出来。

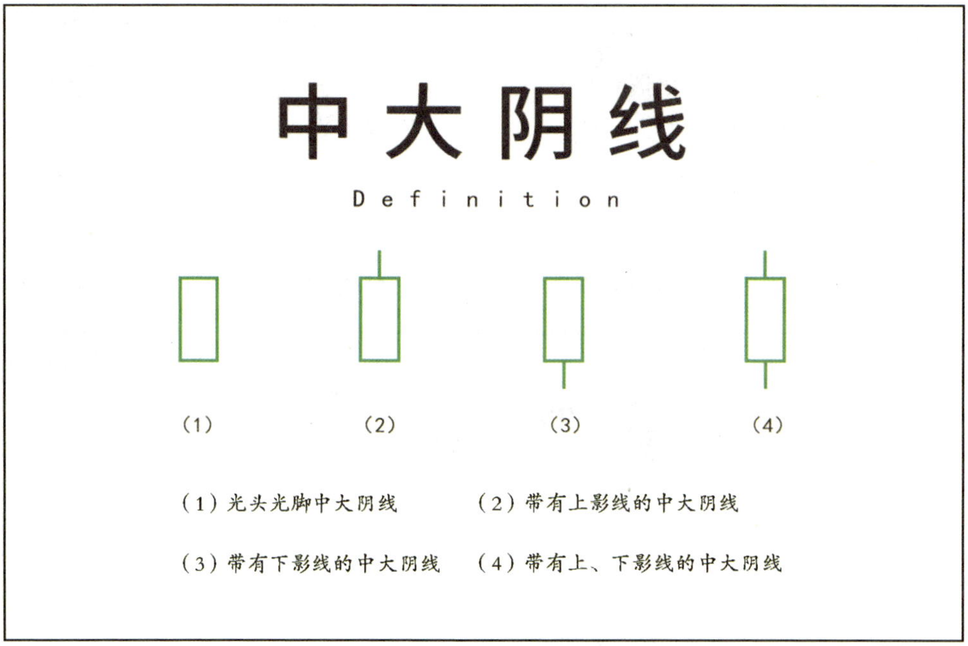

图78　中大阴线

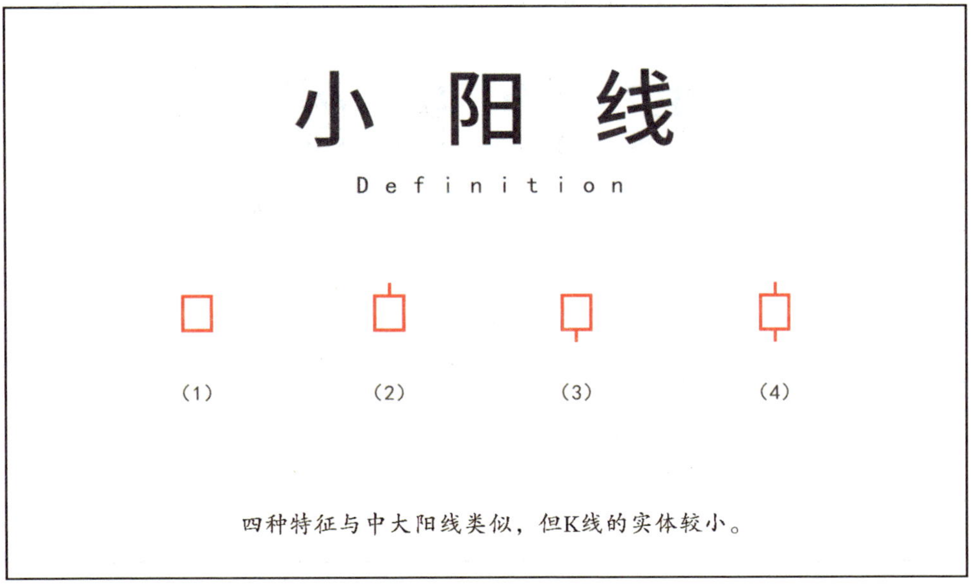

图79　小阳线

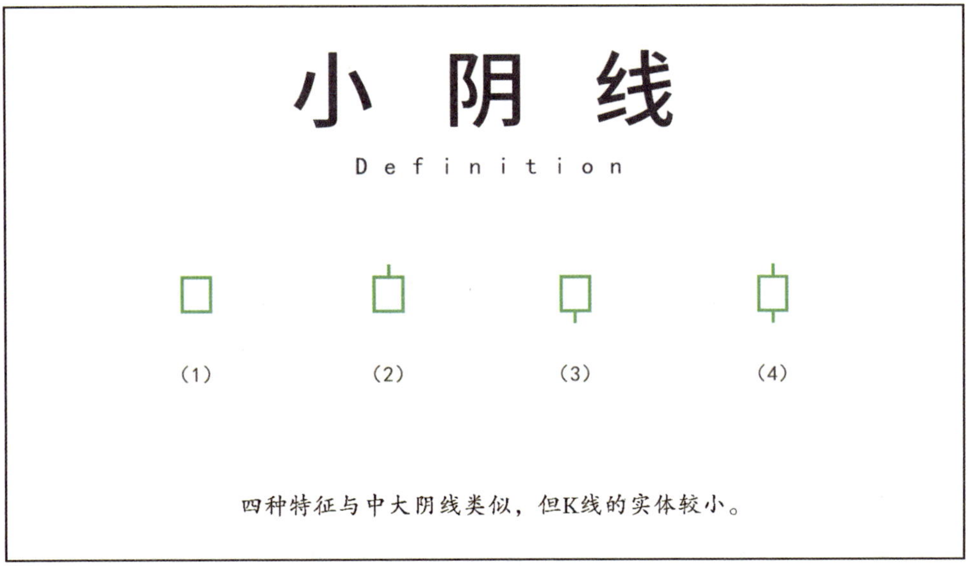

图80　小阴线

图81　其他K线

Section 3

第三节

阳包阴组合

【K线说明】

阳线吞没阴线即“阳包阴”是最常见的K线组合，通常运用在60分钟以上的周期图形中，周期太短的话其交易空间不大。

【K线特征】

前一根K线是阴线，后一根K线是阳线，突破前一根阴线的高点，并且收线也在前一根阴线高点之上，甚至一阳吞没前几根K线。同时该阳线的上影线要比实体短。

【K线形成】

由图82、图83可以观察出，出现在相对较大周期中的阳包阴组合，在相

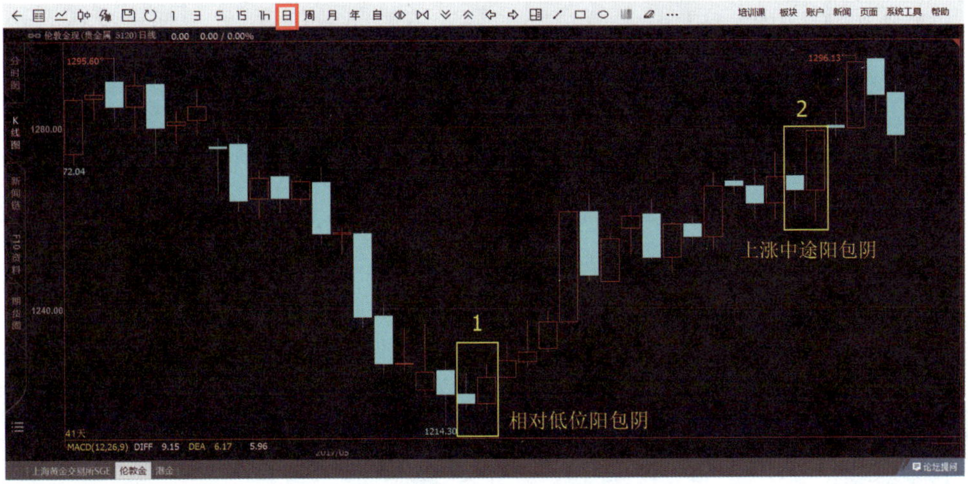

图82　日线级别中的阳包阴组合

对小周期中其实就是一个V字形的反转形态。相对小周期的V形反转力度越大，相对大周期的阳包阴组合中的阳线上涨幅度就会越强；反之，V形反转力度越弱，阳包阴组合越可能失败。

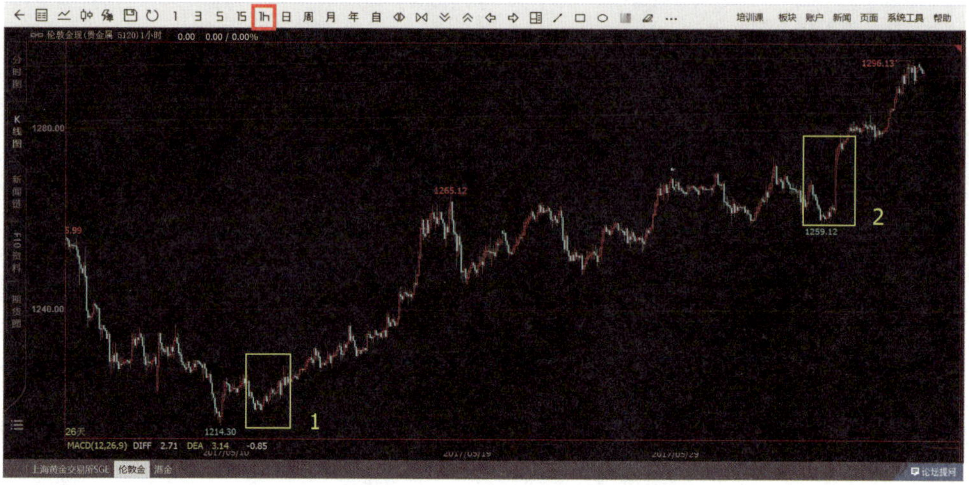

图83　1小时级别中的阳包阴组合

【实盘注意要点】

阳包阴组合一般是在下跌后到达大形态的相对支撑位或在低位起涨时出现意义较大一些，并且上涨空间会很大，如图82位置1处。如果出现在横盘中或者一轮单边上涨过程中，那么后期涨幅空间可能有限，如图82位置2处。如果出现在上涨后的顶部其意义不大，因为所处相对高处的阻力位极有可能接下来的行情趋势是下跌，所以很有可能阳线会被大阴线吞没。

Section 4

第四节 阴包阳组合

【K线说明】

阴线吞没阳线即“阴包阳”是最常见的K线组合，通常运用在60分钟以上的周期图形中，周期太短的话其交易空间不大。

【K线特征】

前一根K线是阳线，后一根K线是阴线，跌破前一根阳线的低点，并且收线也在前一根阳线低点之下，甚至一阴吞没前几根K线。同时该阴线的下影线要比实体短。

【K线形成】

由图84、图85可以观察出，出现在相对较大周期中的阴包阳组合，在相

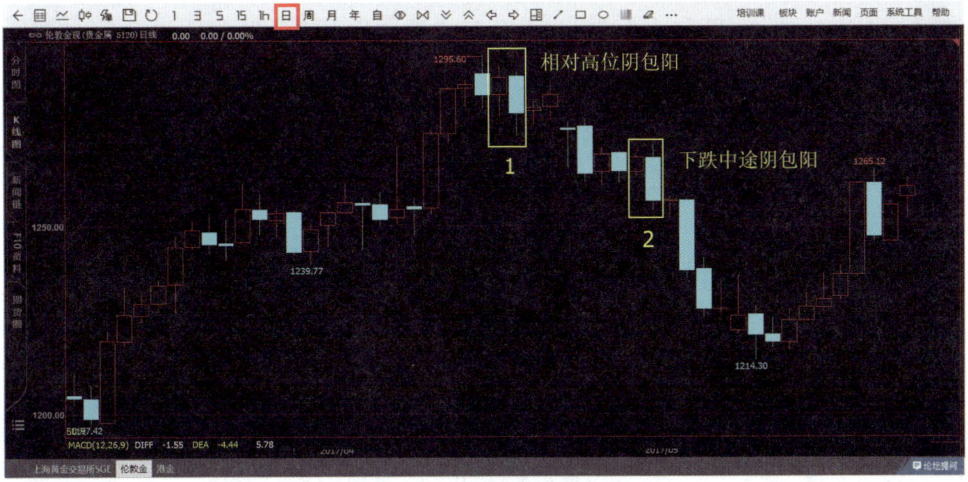

图84 日线级别中的阴包阳组合

对小周期中其实就是一个倒V字形的反转形态。相对小周期的倒V形反转力度越大，相对大周期的阴包阳中的阴线下跌幅度就会越强；反之，倒V形反转力度越弱，阴包阳组合越可能失败。

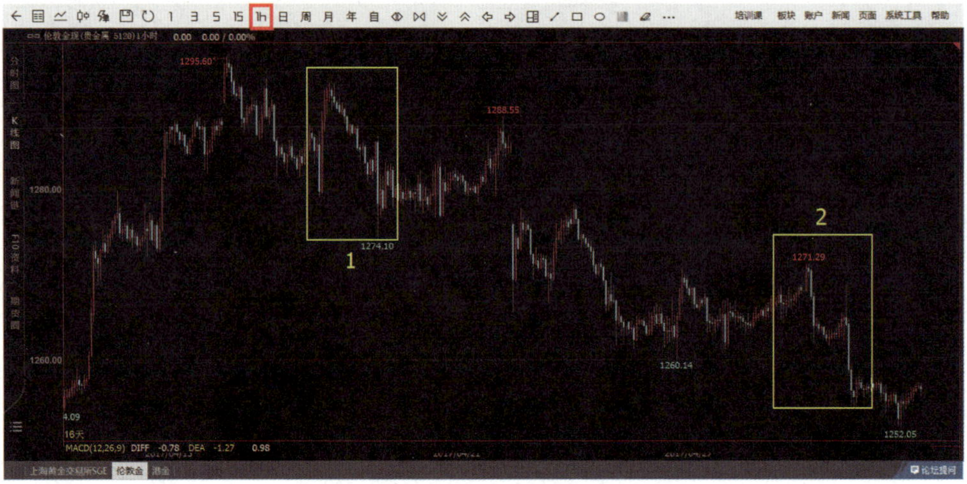

图85　1小时级别中的阴包阳组合

【实盘注意要点】

阴包阳组合一般是在上涨后到达大形态的相对阻力位或在高位起跌时出现意义较大一些，并且下跌空间会很大，如图84位置1处。如果在横盘中或者出现在一轮单边下跌过程中，那么后期跌幅空间可能有限，如图84位置2处。如果出现在下跌后的底部其意义不大，因为所处相对低处的支撑位极有可能接下来的行情趋势是上涨，所以很有可能阴线会被大阳线吞没。

Section 5

第五节

孕多线组合

【K线说明】

孕多线组合是由两根K线组合成的图形。这种前长后短的组合形态，被称为“孕线”。

【K线特征】

孕多线组合的第一根K线是中大阳线，第二根K线为小K线（无论是阴线还是阳线），第二根K线的最低价不能跌破前一根阳线的中间位置，最好是第二根小K线在前一根阳线上方1／3之上。

【K线形成】

由图86、图87、图88可以观察出，出现在相对较大周期中的孕多线组

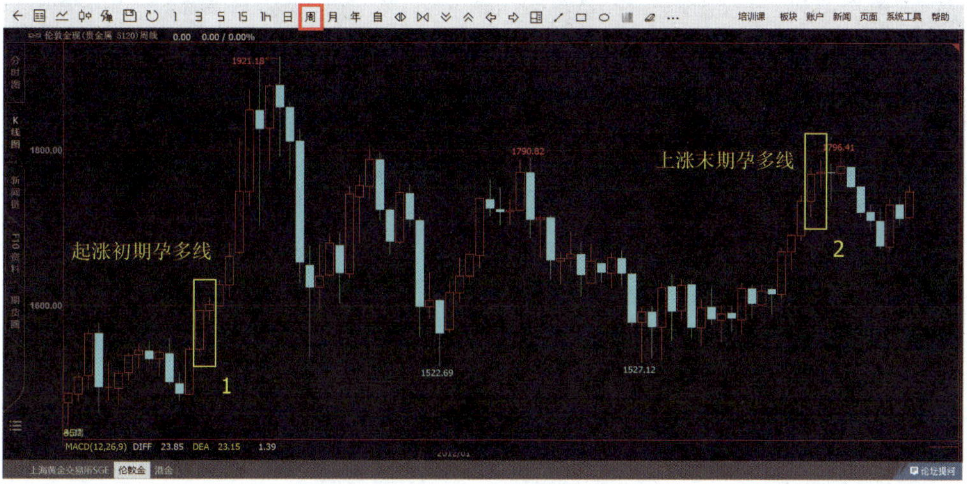

图86　周线级别中的孕多线组合

合，在相对较小周期中其实就是一轮上涨后形成的一个中继平台，此平台回踩的幅度越小，反映到孕多线组合的十字星线就越在中大阳线的上方。

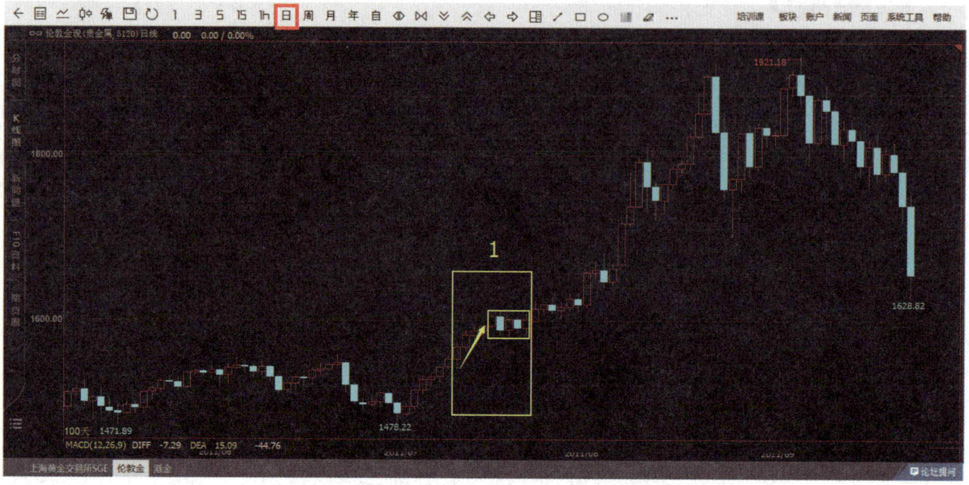

图87　上涨潜力大的孕多线组合

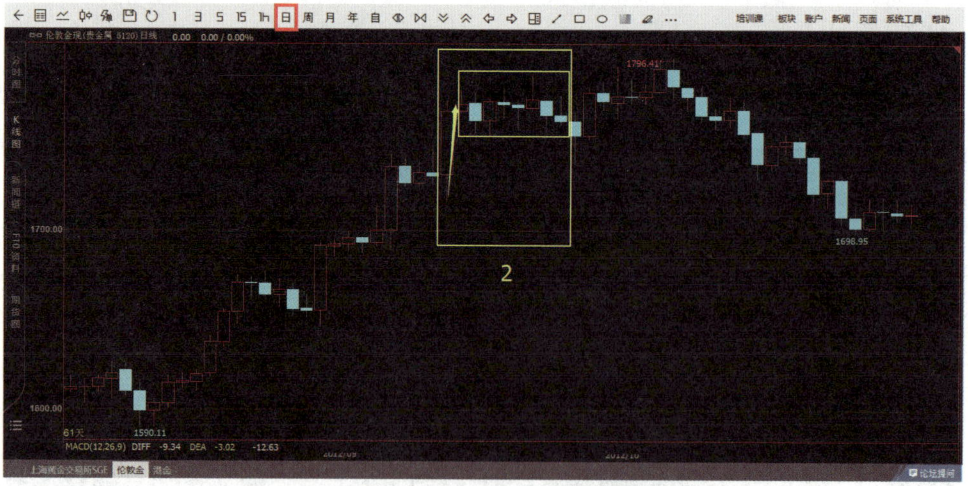

图88　下跌可能性大的孕多线组合

【实盘注意要点】

孕多线组合一般出现在60分钟以上的周期图中，如果此K线组合出现在大形态的相对低位或者一轮单边上涨行情的中途，前一根阳线越长，那么在前大阳后无论是十字星线还是小K线，也无论是阴线还是阳线，在孕多线组合后继续上涨的潜力就越大，涨幅也就越高，如图87位置1处。如果此K线组合出现在大形态的相对高位，那么继续上涨的可能性就很低，因为行情可能到达了大形态的相对阻力位，接下来下跌的可能性较大，如图88位置2处（到达了前方密集区中轴阻力位）。

Section 6

第六节 孕空线组合

【K线说明】

孕空线组合是由两根K线组合成的图形，这种前长后短的组合形态，称为“孕线”。

【K线特征】

孕空线组合第一根K线是中大阴线，第二根K线为小K线（无论是阴线还是阳线），第二根K线的最高价不能突破前一根阴线的中间位置，最好是第二根小K线在前一根阴线下方1／3之下。

【K线形成】

由图89、图90、图91可以观察出，出现在相对较大周期中的孕空线组

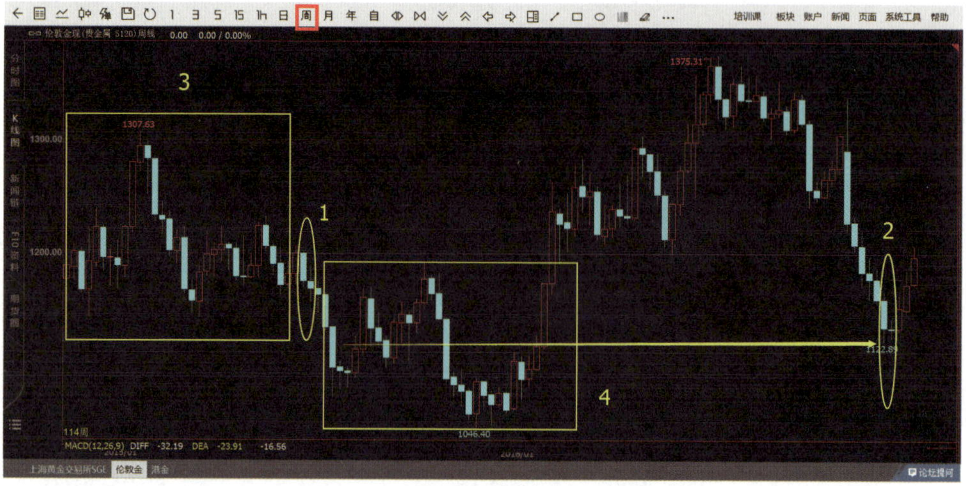

图89　周线级别下的孕空线组合

合，在相对较小周期中其实就是一轮下跌后形成的一个中继平台，此平台反弹的幅度越小，反映到孕空线组合的十字星线就越在中大阴线的下方。

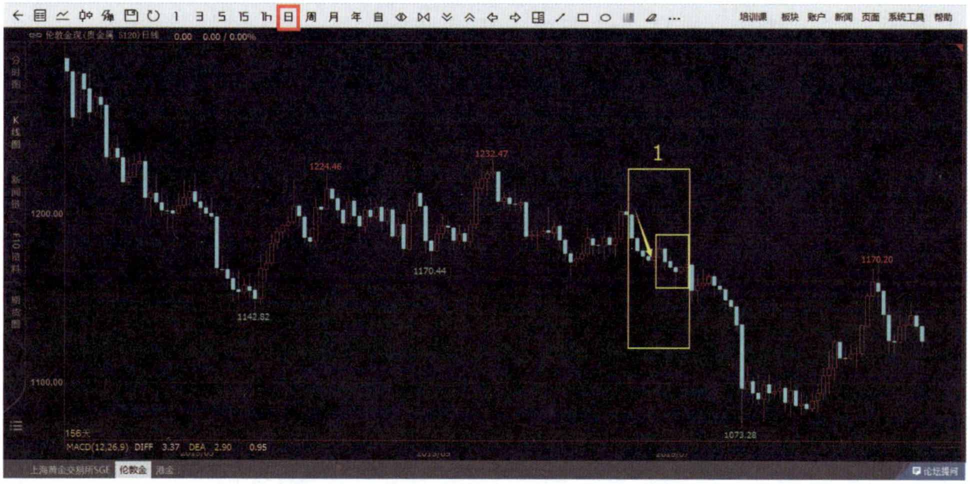

图90　下跌可能性大的孕空线组合

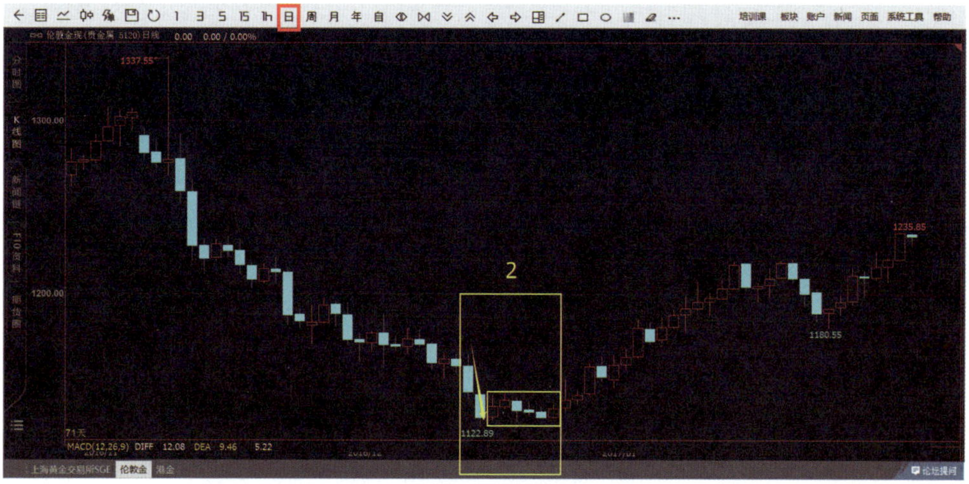

图91　上涨潜力大的孕空线组合

【实盘注意要点】

孕空线组合一般被运用在60分钟以上的周期图中，如果此K线组合出现在大形态的相对高位或者一轮单边下跌行情的中途，前一根阴线越长，那么在前大阴后无论是十字星线还是小K线，也无论是阴线还是阳线，在孕空线后继续下跌的可能性就越大，跌幅也就越深，如图90位置1处。如果此K线组合出现在大形态的相对低位，那么继续下跌的可能性就很低，因为行情可能到达了大形态的相对支撑位，接下来上涨的可能性较大，如图91位置2处（到达了前方密集区中轴支撑位）。

Section 7

第七节 两阳夹阴组合

【K线说明】

两阳夹阴组合在K线形态中较为常见，通常将其判断为短线多头信号，但接下来能否会延续上涨行情，要根据其所处位置而定。

【K线特征】

两阳夹阴组合由两根阳线中间夹一根小阴线构成，条件是这两根阳线的实体较长，或上影线较短。

【形态形成】

由图92、图93可以观察出，出现在相对大周期中的两阳夹阴组合，在相

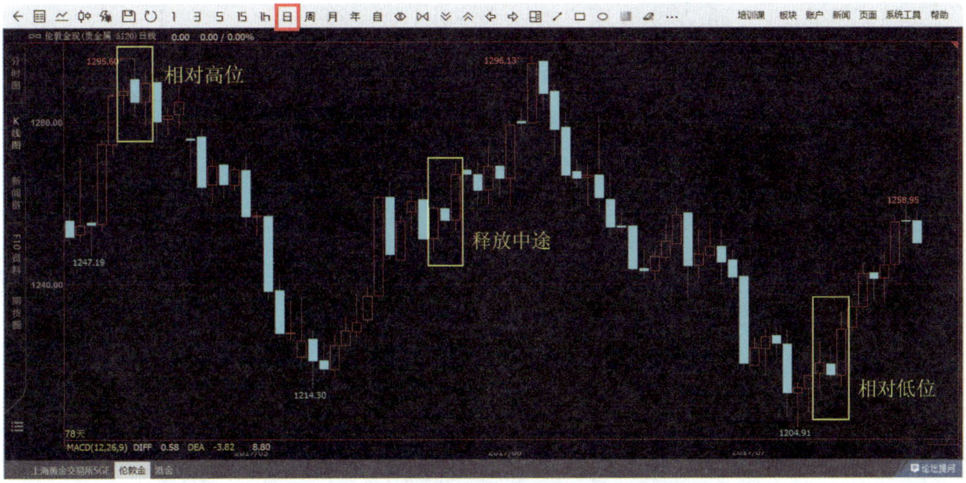

图92　日线级别下的两阳夹阴组合

对小周期中其实就是一个高点与低点不断抬高的震荡修整形态。修整形态上涨得越快越急，反映到两根阳线上就会越大越实。

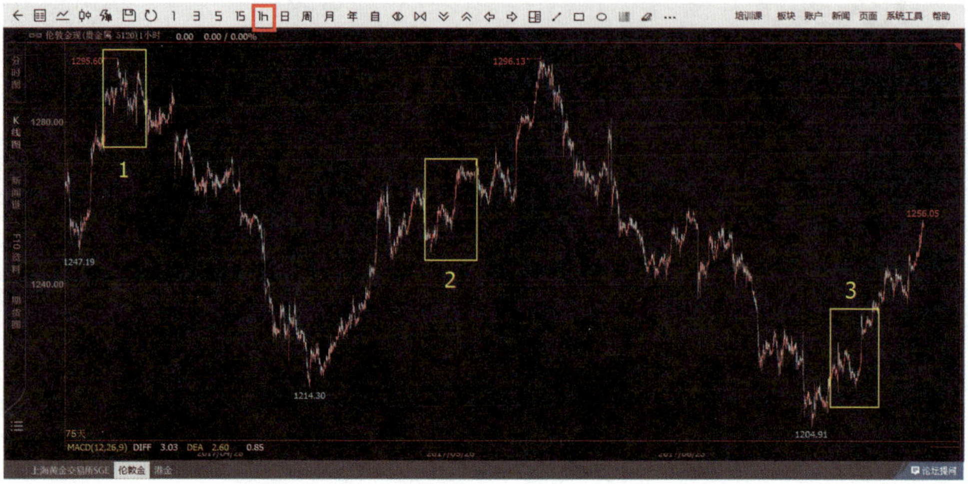

图93　1小时级别下的两阳夹阴组合

【实盘注意要点】

两阳夹阴组合通常被运用在中大周期图中，例如60分钟以上的周期图，周期越大、阳线实体越长、中间夹的阴线越短，图形就越明显，其后就越有可能上涨。如果此形态出现在大形态的相对低位或者一轮单边上涨行情的中途，那么接下来延续上涨行情的可能性很大，例如图93位置2处和3处。但如果处于大形态的相对高位，那么延续上涨行情的可能性就很小，因为行情到达了相对高处的阻力位，很可能由涨转跌，例如图93位置1处。

Section 8

第八节
两阴夹阳组合

【K线说明】

两阴夹阳组合在K线形态中较为常见，通常将其判断为短线空头信号，但接下来是否会延续下跌行情，要根据其所处位置而定。

【K线特征】

两阴夹阳组合由两根阴线中间夹一根小阳线构成，条件是这两根阴线的实体较长，或下影线较短。

【形态形成】

由图94、图95可以观察出，出现在相对大周期中的两阴夹阳组合，在相

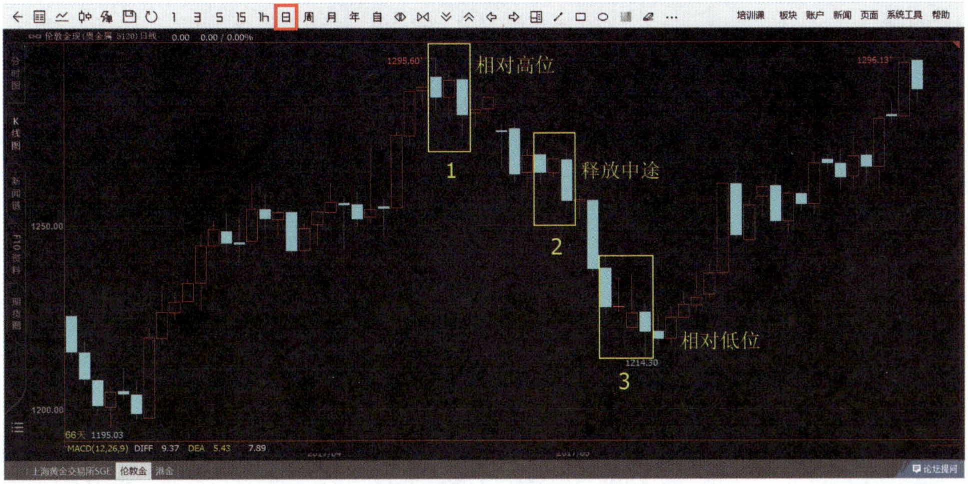

图94　日线级别下的两阴夹阳组合

对小周期中其实就是一个高点与低点不断降低的震荡修整形态。修整形态下跌得越快越急，反映到两根阴线上的实体就会越长。

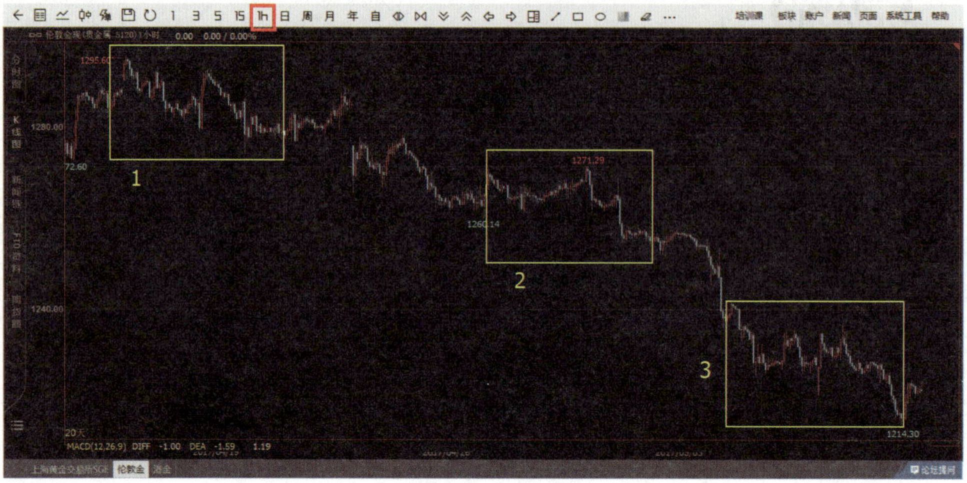

图95　1小时级别下的两阴夹阳组合

【实盘注意要点】

两阴夹阳组合通常被运用在中大周期图中，例如60分钟以上的周期图，周期越大、阴线实体越长、中间夹的阳线越短，图形就越明显，其后就越有可能下跌。如果此形态出现在大形态的相对高位或者一轮单边下跌行情的中途，那么接下来延续下跌行情的可能性很大，例如图94位置1处和2处。但如果处于大形态的相对低位，那么延续下跌行情的可能性就很小，因为行情到达了相对低处的支撑位，很可能由跌转涨，例如图94位置3处。

Section 9

第九节 希望之星组合

【K线说明】

希望之星又称早晨之星，顾名思义就是给人们希望，由三根K线组成，是见底翻多信号，如果出现在相对低处的支撑位，其可靠性也非常之高。

【K线特征】

希望之星由最左侧的阴线、中间一根实体短小的星形线（也可以是带下影线的小阳线或小阴线）、右侧的一根阳线组合而成。

【K线形成】

由图96、图97可以观察出，出现在相对大周期中的希望之星组合，在相

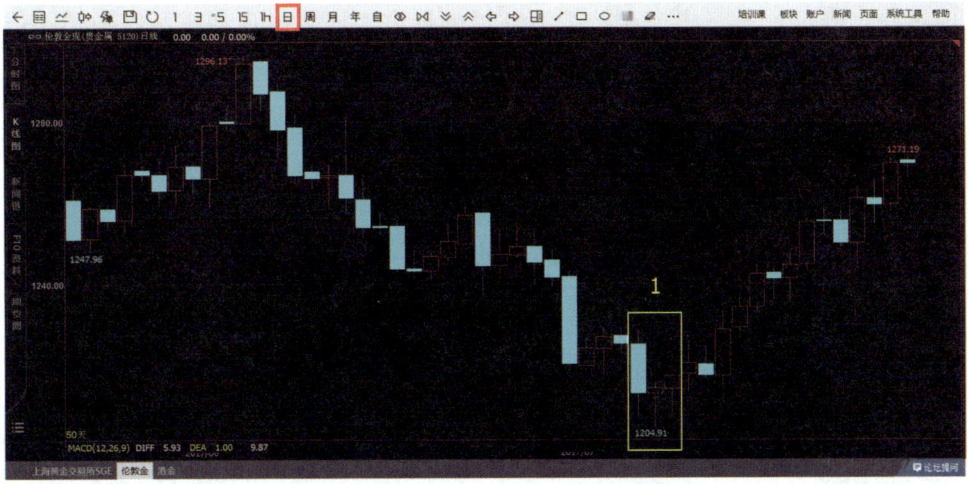

图96　日线级别下的希望之星组合

对小周期中其实就是一个头肩底形态或V字形的反转形态，头肩底右颈线或V形上涨力度越强，反映在希望之星中组合的阳线就会越大。

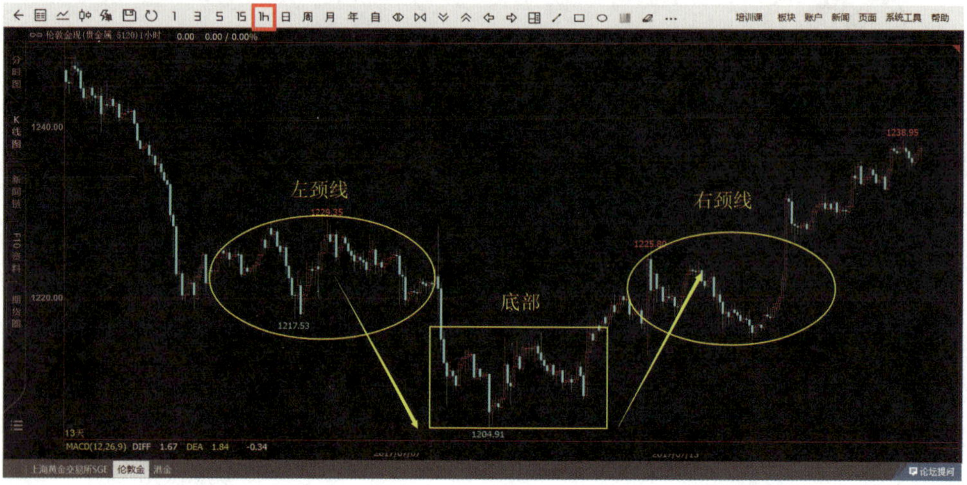

图97　1小时级别下的希望之星组合

【实盘注意要点】

在盘整过程中，希望之星组合可信度不大，因为在盘整过程中会频繁出现星线。当这种形态出现在持续下跌后的低点，或是出现在震荡修整形态或箱体形态下轨位置处时，再或者是出现在上涨冲高回踩反支撑位时，就是多方力量快速转强，且上攻意愿强烈的信号。

Section 10

第十节 黄昏之星组合

【K线说明】

黄昏之星又称夜星，顾名思义就是太阳从西边缓缓坠落。黄昏之星由三根K线组成，是见顶翻空信号，如果出现在相对高处的阻力位，其可靠性也非常之高。

【K线特征】

黄昏之星由最左侧的阳线、中间一根实体短小的星形线（也可以是带上影线的小阳线或小阴线）、右侧的一根阴线组合而成。

【K线形成】

由图98、图99可以观察出，出现在相对大周期中的黄昏之星组合，在相

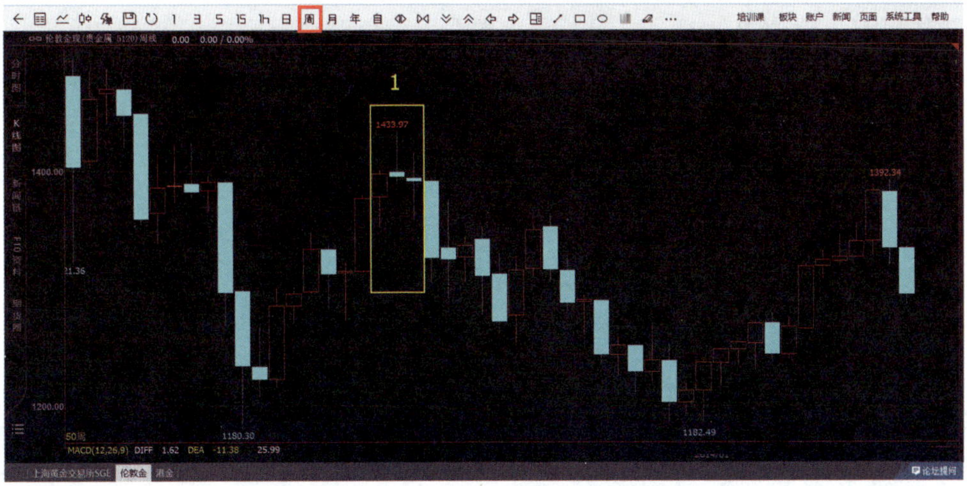

图98 周线级别下的黄昏之星组合

对小周期中其实就是一个头肩顶形态或倒V字形反转形态，头肩顶右颈线或倒V字下跌力度越强，反映在黄昏之星组合中的阴线就会越大。

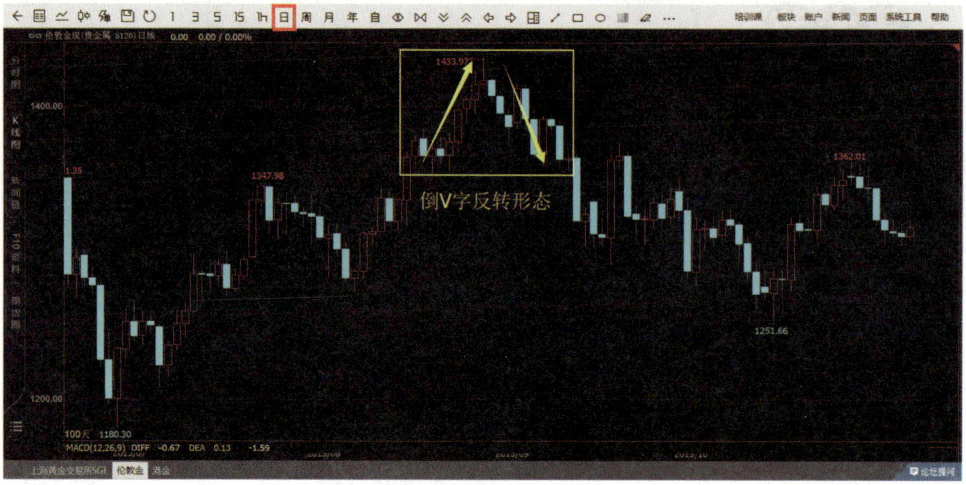

图99　日线级别下的黄昏之星组合

【实盘注意要点】

在盘整过程中，黄昏之星组合可信度不大，因为在盘整过程中会频繁出现星线。当这种形态出现在持续上涨后的高点，或是出现在震荡修整形态或箱体形态上轨位置处时，再或者是出现在下降急跌弱反弹时，就是空方力量快速转强，且下跌意愿强烈的信号。

Section 11

第十一节 金针探底组合

【K线说明】

金针探底组合在支撑位置处较为常见，通常将其判断为多头即将爆发的信号，但接下来能否延续上涨行情，要根据其所处位置而定。

【K线特征】

金针探底组合由探底回升过程中三条以上的长下影线组成，下影线越长，越利于后市的上涨。

【K线形成】

由图100和图101可以观察出，出现在相对大周期中的金针探底组合，在

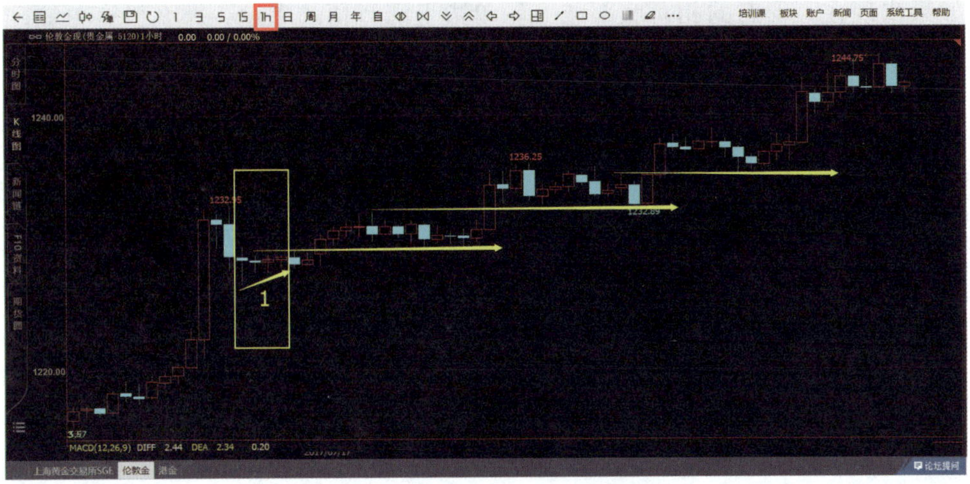

图100 1小时级别下的金针探底组合

相对小周期中其实就是探了几次底的小震荡修整形态，每次探底后回升的力度越强，反映在相对大周期中的长下影线可能越长。

图101　5分钟级别下的金针探底组合

【实盘注意要点】

金针探底组合通常被运用在中大周期图中，例如60分钟以上的周期图。如果出现在大形态的相对底部或一轮单边上涨行情的中途，那么极有可能随后延续上涨行情，但如果处于大形态的相对高位，行情就很可能由多转空，也就是说小周期中的震荡修整形态可能面临跌破下轨，向下变盘。

Section 12

第十二节
金针探顶组合

【K线说明】

金针探顶组合在阻力位置处较为常见，通常将其判断为空头即将爆发的信号，但接下来能否延续下跌行情，要根据其所处位置而定。

【K线特征】

金针探顶组合由探顶下跌过程中三条以上的长上影线组成，上影线越长，越利于后市的下跌。

【K线形成】

由图102和图103可以观察出，出现在相对大周期中的金针探顶组合，在

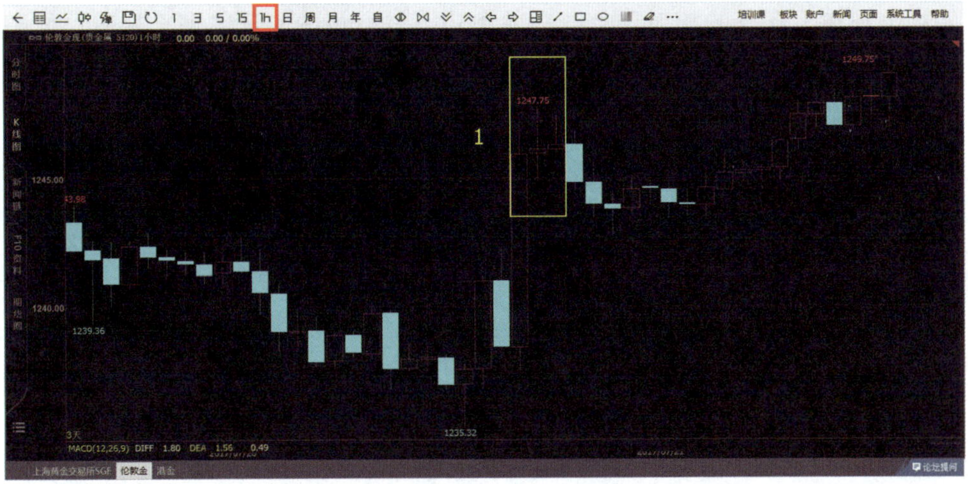

图102　1小时级别下的金针探顶组合

相对小周期中其实就是探了几次顶的小震荡修整形态，每次探顶后下跌的力度越强，反映在相对大周期中的长上影线可能越长。

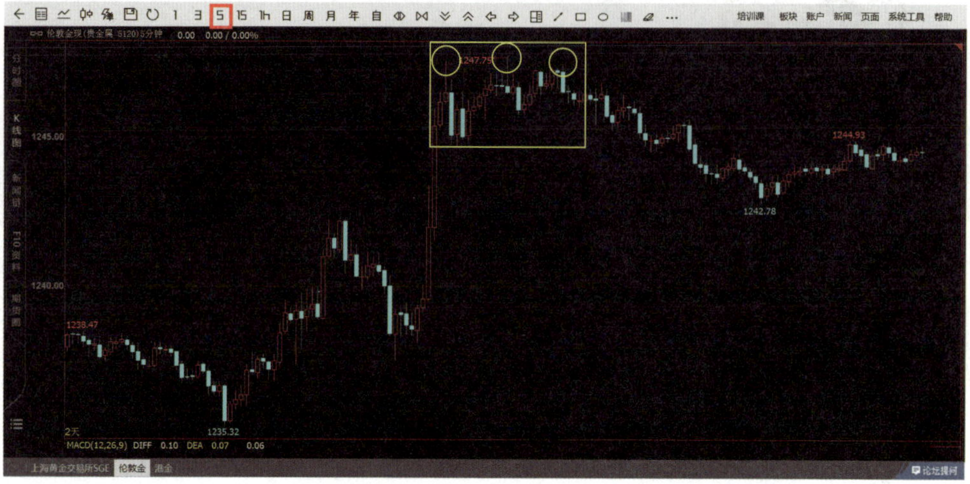

图103　5分钟级别下的金针探顶组合

【实盘注意要点】

金针探顶组合通常被运用在中大周期图中，例如60分钟以上的周期图。如果出现在大形态的相对顶部或一轮单边下跌行情的中途，那么极有可能随后延续下跌行情，但如果处于大形态的相对低位，行情就很可能由空转多，也就是说小周期中的震荡修整形态可能面临突破上轨，向上变盘。

Section 13

第十三节

绝地反攻

【K线说明】

绝地反攻是一种在下跌后的低位，行情非常强悍地由空翻多的现象。

【K线特征】

在一轮急跌后的低位，或者在低位构底之后，突然一根长阳线拔地而起，那么这根阳线可能吞没前5～10根K线。

【K线形成】

由图104和图105可以观察出，出现在相对大周期中的绝地反攻现象，在相对小周期中其实就是几根阳线持续上涨的状态，上涨的阳线越急越强，反

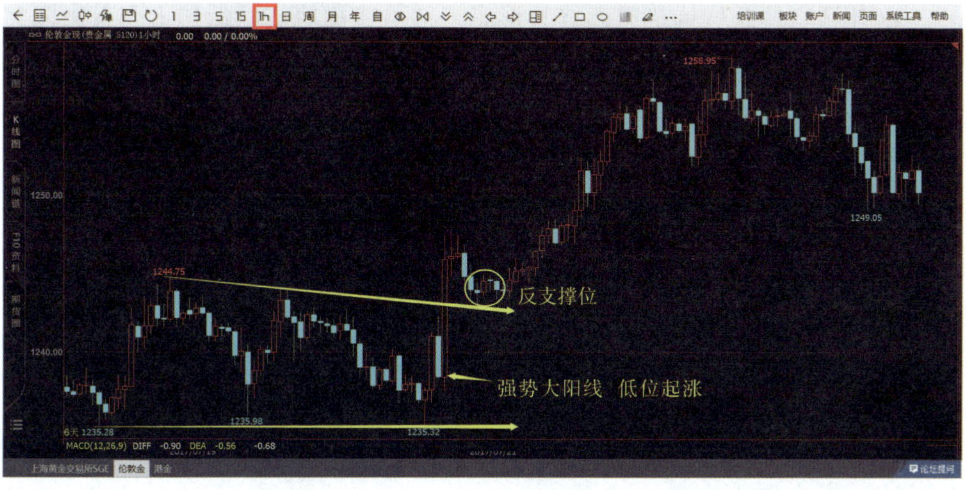

图104　1小时级别下的绝地反攻现象

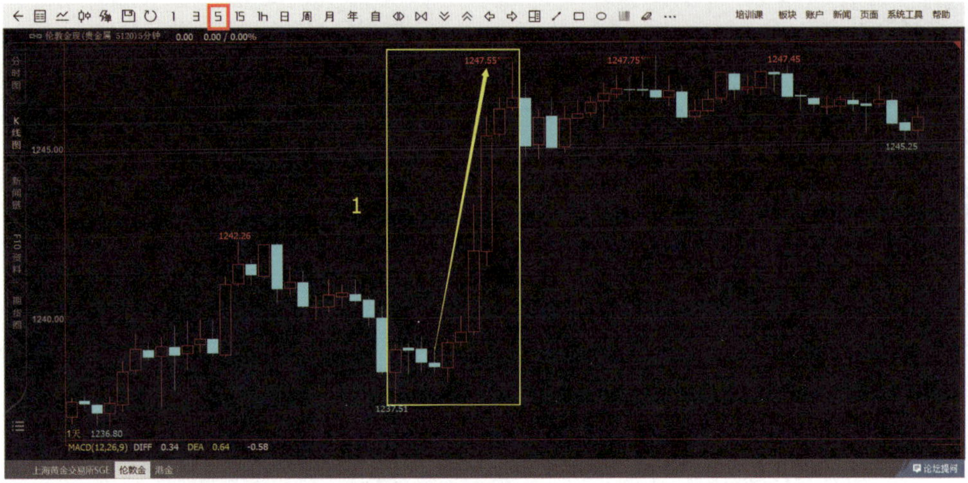

图105　5分钟级别下的绝地反攻现象

映在相对大周期的阳线就越大。

【实盘注意要点】

绝地反攻现象通常被运用在60分钟图形中作为参考依据，之所以会出现绝地反攻现象有可能是因为出现一轮60分钟图级别急跌后行情立刻V字反转，也有可能是低位构筑震荡修整形态，待蓄势构底成熟后向上变盘大阳突破。需要注意的是，这种大阳拉升现象也可能出现在消息窗口或欧美开盘时间窗口，在这两个窗口之前就应做好充分的准备。如果消息面预期利多同时行情又处于相对低位，那么当消息公布时，更容易出现大阳线。特别是前面蓄势越久，一旦出现爆发式突破，其后上涨会延续一定的时间。当出现这种情况时，也可以切换至更小的1分钟周期图去寻找中继平台多单进场。

Section 14

第十四节 一叶知秋

【K线说明】

一叶知秋是一种在上涨后的高位，行情非常强悍地由多翻空的现象。

【K线特征】

在一轮上涨后的高位，或者在高位构顶之后，突然一根长阴线从天而降，那么这根阴线可能吞没前5～10根K线。

【K线形成】

由图106和图107可以观察出，出现在相对大周期中的一叶知秋现象，在相对小周期中其实就是几根阴线持续下跌的状态，下跌的阴线越急越强，反

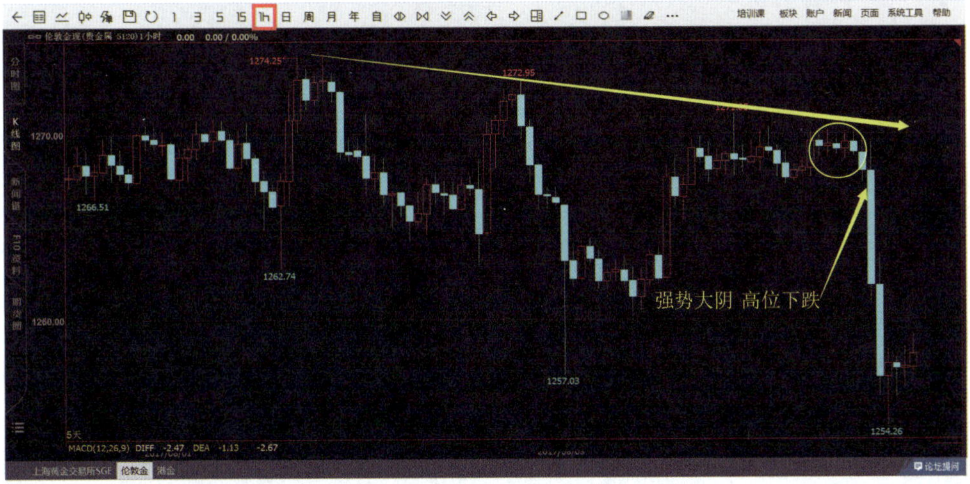

图106　1小时级别下的一叶知秋现象

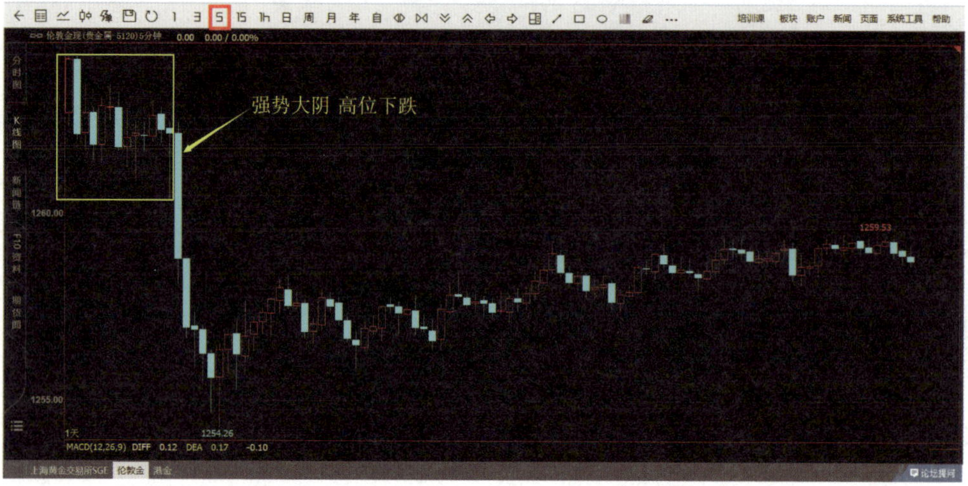

图107　5分钟级别下的一叶知秋现象

映在相对大周期的阴线就越大。

【实盘注意要点】

一叶知秋现象通常被运用在60分钟图形中作为参考依据，之所以会出现一叶知秋现象有可能是因为出现一轮60分钟图级别急涨后行情立刻倒V字反转，也有可能是高位构筑震荡修整形态，待蓄势构顶成熟后向下变盘大阴突破。需要注意的是，这种大阴急跌现象也可能出现在消息窗口或欧美开盘时间窗口，在这两个窗口之前就应做好充分的准备。如果消息面预期利空同时行情又处于相对高位，那么当消息公布时，更容易出现大阴线。特别是前面蓄势越久，一旦出现爆发式突破，其后下跌会延续一定的时间。当出现这种情况时，也可以切换至更小的1分钟周期图去寻找中继平台空单进场。

Section 15

第十五节
仙人指多组合

【K线说明】

仙人指多组合由一根长上影线后收一根中阳线向上构成，上影线就代表往上指明方向，前提是随后要有中阳线伴随。但接下来能否延续上涨行情，要根据其所处位置而定。

【K线特征】

前一根上影线比实体要长，后一根阳线要高于上影线一半之上，或者最好是后一根阳线吞没前一根上影线。其次前方K线的上影线不分阴阳。

【K线形成】

由图108、图109和图110可以观察出，出现在相对大周期中的仙人指多

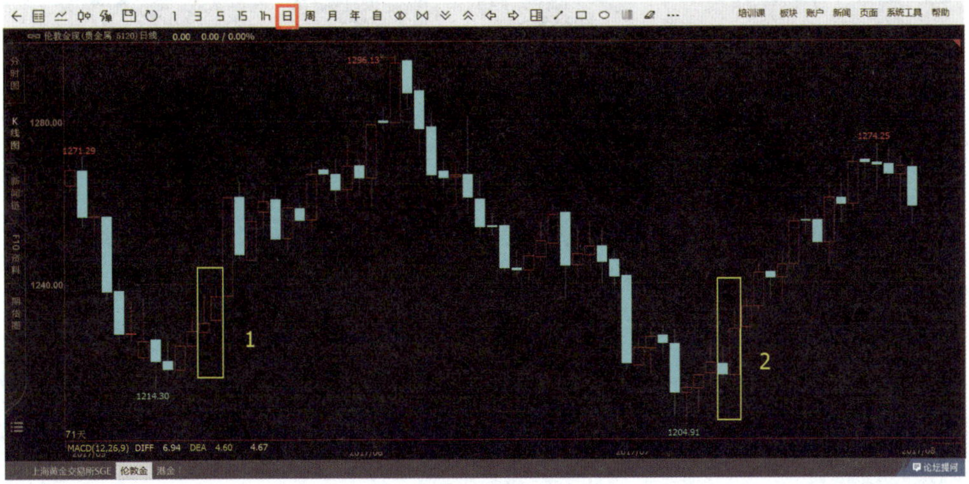

图108　日线级别下的仙人指多组合

组合，在相对小周期中其实就是一轮上涨后行情又下跌随后再上涨并突破前高的一个过程。在相对小周期中，第二次上涨的力度越强，那么反映到大周期中的阳线就会越大。

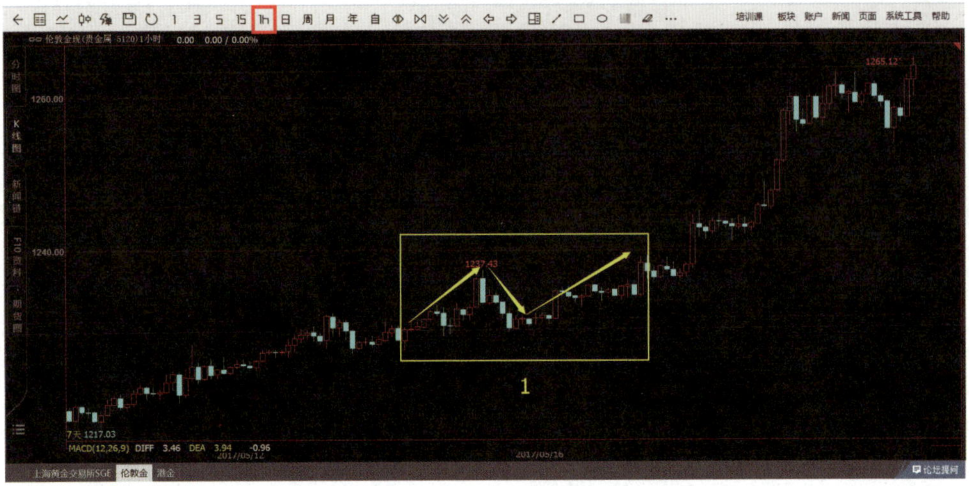

图109　1小时级别下的仙人指多组合

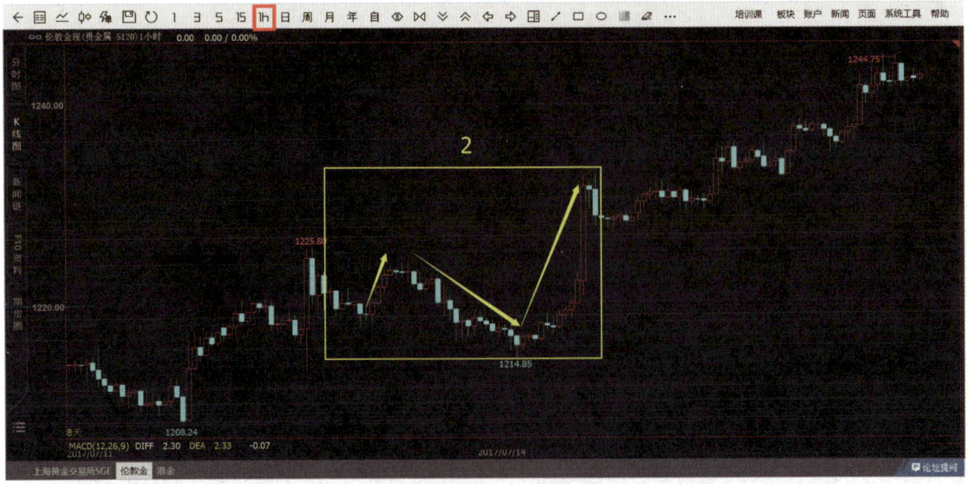

图110　小周期中第二次上涨的力度更强

【实盘注意要点】

仙人指多组合也属于一种V形反转，通常出现在60分钟图或日线图中意义较大。出现的阶段位置和相伴的阳线长短还有实体长短都有关联意义。如果出现在大形态的相对底部或一轮单边上涨行情的中途，那么极有可能随后延续上涨行情，但如果处于大形态的相对高位，行情就很可能由多转空，也就是说在小周期中虽然V形反转上去了，但随后可能一个倒V字反转又下来了，因为其处在高位、顶部、上轨、阻力位，除非大形态向上变盘突破上轨，否则高空低多，还是看空。

Section 16

第十六节 仙人指空组合

【K线说明】

仙人指空组合由一根长下影线后收一根中阴线向下构成，下影线就代表往下指明方向，前提是随后要有中阴线伴随。但接下来能否延续下跌行情，要根据其所处位置而定。

【K线特征】

前一根下影线比实体要长，后一根阴线要低于下影线一半之下，或者最好是后一根阴线吞没前一根下影线。其次前方K线的下影线不分阴阳。

【K线形成】

由图111和图112可以观察出，出现在相对大周期中的仙人指空组合，在

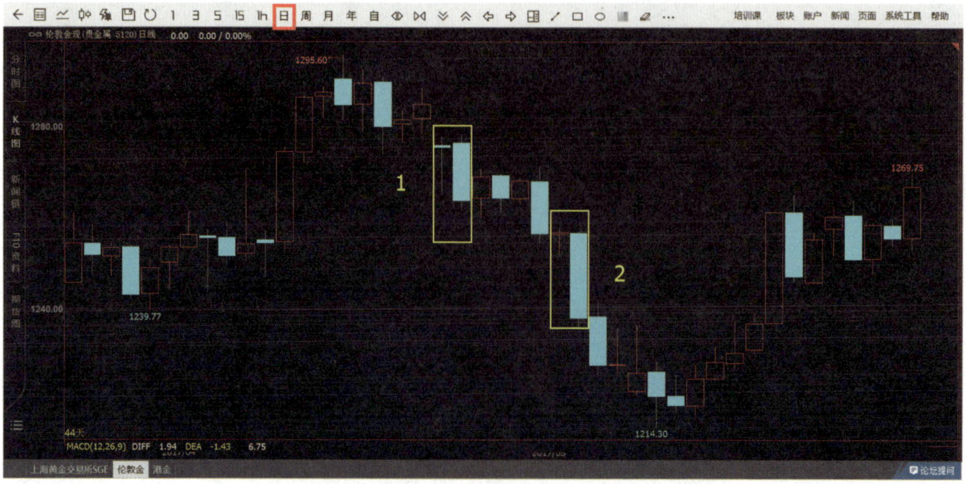

图111　日线级别下的仙人指空组合

相对小周期中其实就是一轮下跌后行情又上涨随后再下跌并跌破前低的一个过程。在相对小周期中，第二次下跌的力度越强，那么反映到大周期中的阴线就会越大。

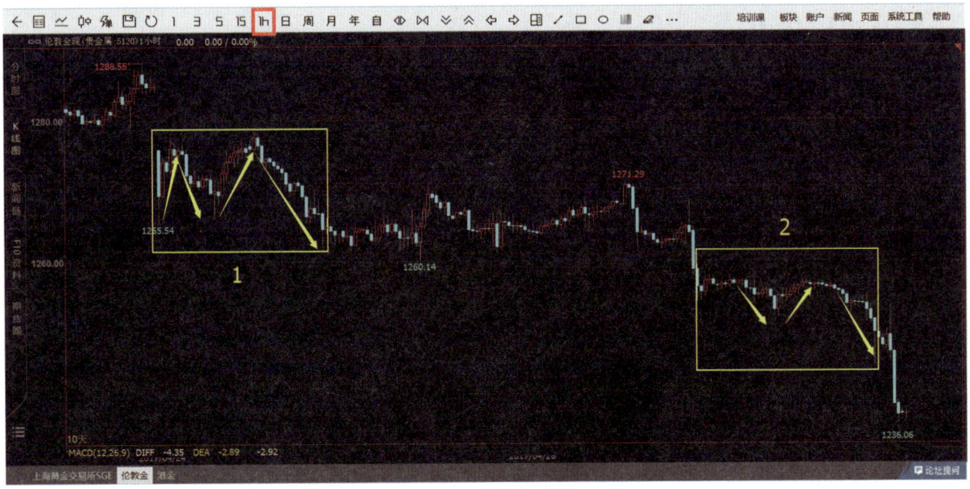

图112 1小时级别下的仙人指空组合

【实盘注意要点】

仙人指空组合也属于一种倒V形反转，通常出现在60分钟图或日线图中意义较大。出现的阶段位置和相伴的阴线长短还有实体长短都有关联意义。如果出现在大形态的相对顶部或一轮单边下跌行情的中途，那么极有可能随后延续下跌行情，但如果处于大形态的相对低位，行情就很可能由空转多，也就是说在小周期中虽然倒V形反转下去了，但随后可能一个V字反转又上来了，因为其处在低位、底部、下轨、支撑位，除非大形态向下变盘跌破下轨，否则高多低空，还是看多。

Section 17

第十七节 串阳组合

【K线说明】

串阳组合是一种上涨趋势中的运行节奏，也是一种蓄势待发的状态，通常出现在低位震荡修整形态变盘突破之初。

【K线特征】

先出现中小串阳组合稳步攀升，再回踩，后拉升。在上涨趋势中收出4～6根中小阳线，随后又收出1～3根小阴线回踩，然后再以3～4根大阳线拉升。

【K线形成】

由图113和图114可以观察出，出现在相对大周期中的串阳组合，在相对

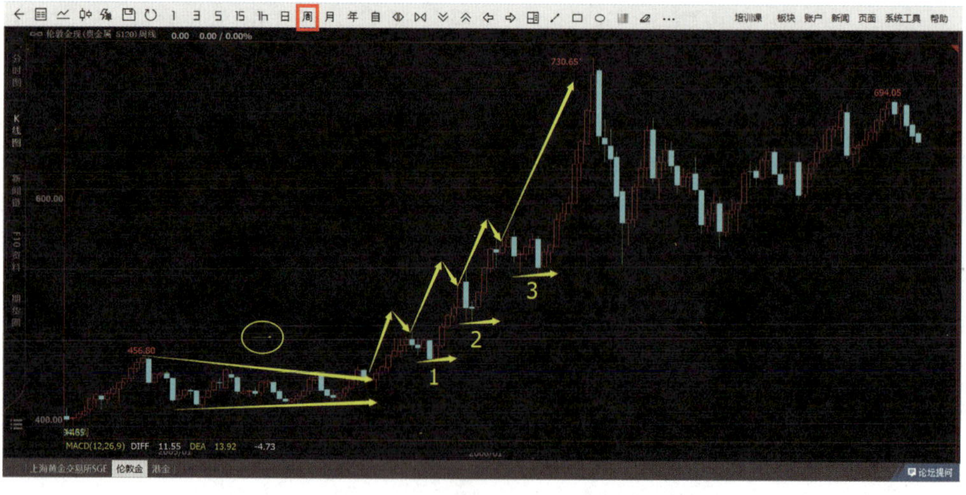

图113 周线级别下的串阳组合

小周期中其实就是更加清晰直观的三浪上涨加主升浪形态，在相对小周期中回踩的力度越弱，反映在大周期上阴线就会越小。

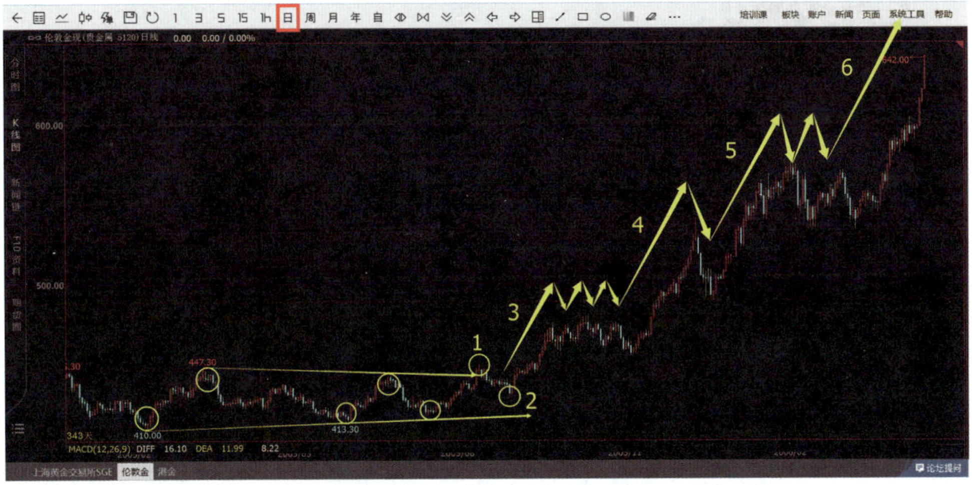

图114　日线级别下的串阳组合

【实盘注意要点】

串阳组合一般出现在一轮单边下跌行情后的低位、行情止跌后立即回升时，或者是在低位构底蓄势后、形态变盘向上突破时，如果在以上两种情况时出现，此轮多头行情的释放极可能是由三浪最后加主升浪构成，止盈位置也可设在大阳主升浪释放完后，如果此时也到达了大形态的相对阻力位，止盈安全性会更高。

Section 18

第十八节 串阴组合

【K线说明】

串阴组合是一种下跌趋势中的运行节奏，也是一种蓄势待发的状态，通常出现在高位震荡修整形态变盘跌破之初。

【K线特征】

先出现中小串阴组合稳步盘跌，再弱反弹，后下跌。在下跌趋势中收出4~6根中小阴线，随后又收出1~3根小阳线弱反弹，然后再以3~4根大阴线急跌。

【K线形成】

由图115和图116可以观察出，出现在相对大周期中的串阴组合，在相对

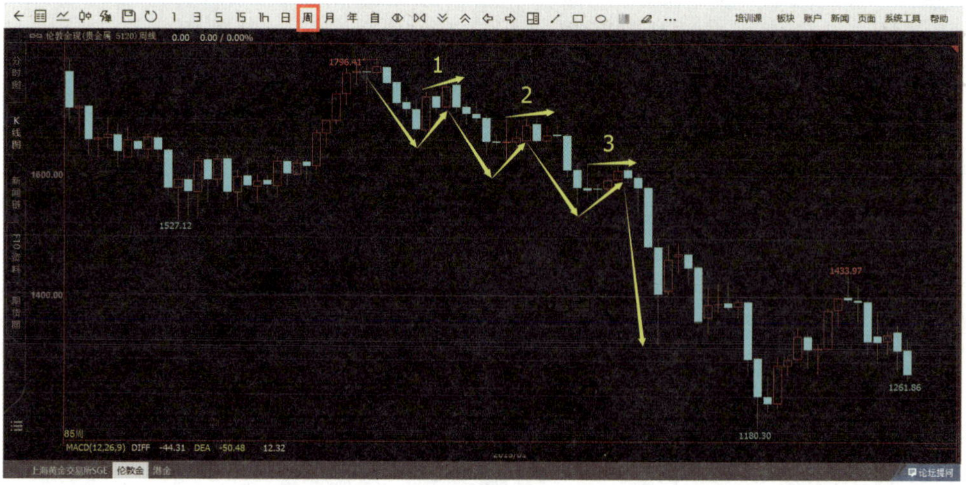

图115 周线级别下的串阴组合

小周期中其实就是更加清晰直观的三浪下跌加主跌浪形态，在相对小周期中反弹的力度越弱，反映在大周期上阳线就会越小。

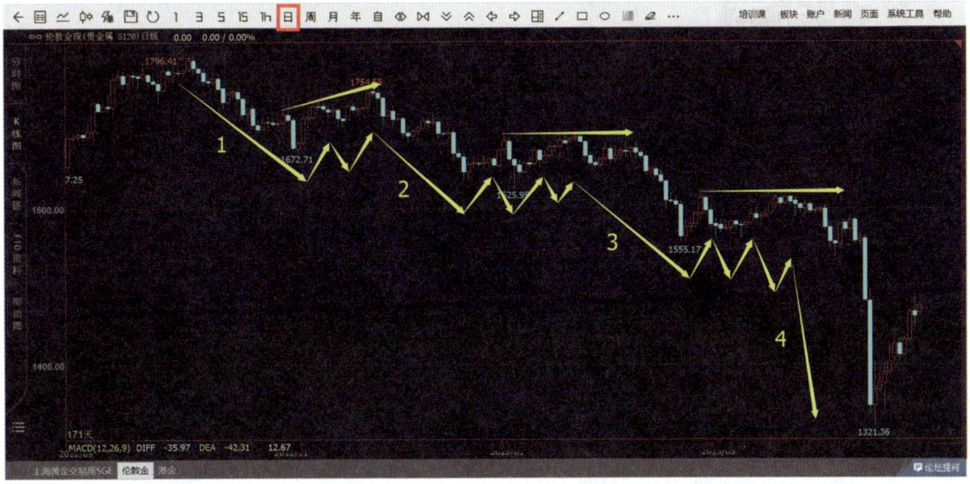

图116 日线级别下的串阴组合

【实盘注意要点】

串阴组合一般出现在一轮单边上涨行情后的高位、行情止涨后立即下跌时，或者是在高位构顶蓄势后、形态变盘向下突破时，如果在以上两种情况时出现，此轮空头行情的释放极可能是由三浪最后加主跌浪构成，止盈位置也可设在大阴主跌浪释放完后，如果此时也到达了大形态的相对支撑位，止盈安全性会更高。

Section 19

第十九节 上下影转多组合

【K线说明】

影线就是一根K线中的虚线，它代表了当日最高价格和最低价格与收盘价格的差价。“上下影线”是指上影线和下影线，一般情况上影线长，表示阻力大；下影线长，表示支撑力度大。然而，伴随长上影线不一定会有多大的阻力，而伴随长下影线也并不一定会有多大的支撑力度，但如果将两根K线组合起来，其意义就不一样了。

【K线特征】

上下影线组合是指先出现长上影线，后出现长下影线，无论阴阳线。形态特征可分为两种：一种是“试盘”型，上影线测试上方阻力，下影线测试下方支撑，这种形态特征往往会出现在变盘区域，也是变盘前的异动；另一种是“震仓”型，上影线诱多，下影线诱空，上下来回扫损，这种形态特征往往会出现在大行情前夕，也是大行情前的预演。

【K线形成】

由图117和图118可以观察出，在相对大周期中出现的上下影转多组合，在相对小周期中其实就是区间内小的震荡修整形态。当小周期中的震荡修整形态振幅越大，震荡时间越久，那么反映在相对大周期中的上下影线就越长，出现上下影线的次数就越多，如此一旦选择方向向上变盘，上涨力度就越大，上涨时间就越持久。

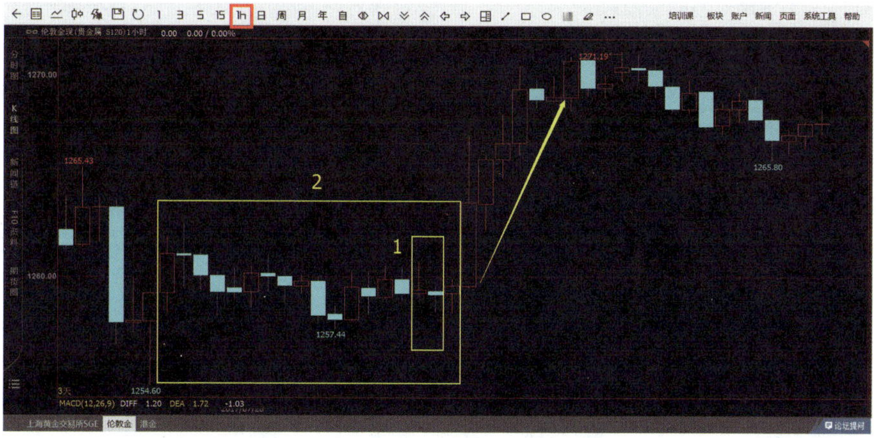

图117 1小时级别下的上下影转多组合

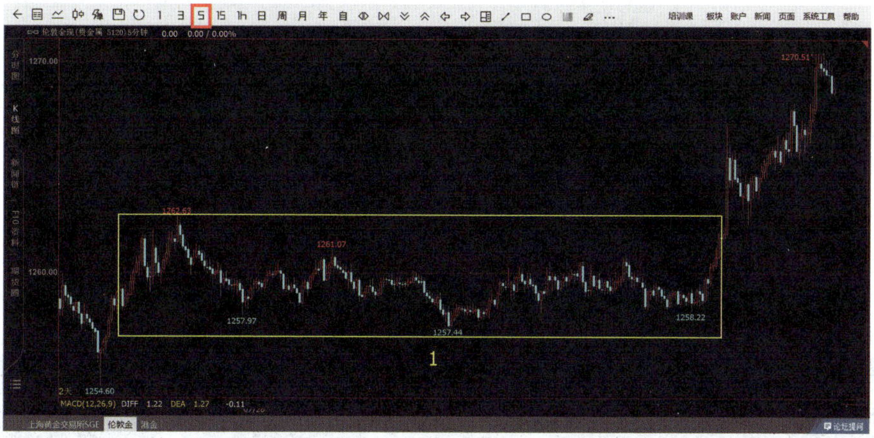

图118 5分钟级别下的上下影转多组合

【实盘注意要点】

上下影转多组合一般出现在震荡修整形态变盘末期，实盘中一定要注意阶段位置的运用，除此之外，在下跌后的低位存在有反转潜力的区域、调整末期面临方向性选择的变盘区域，在行情上涨延伸的中途休整中继时，可作为重点关注。如果在震荡初期，可能会频繁出现多根不同的上影线和下影线，此时判断依据无效。

Section 20

第二十节 上下影转空组合

【K线说明】

“上下影线”又称“搓揉线”，顾名思义，价格像衣服一样在洗衣机中被反复搓揉，K线中呈现一根T字线和一根倒T字线组合。总之，价格有异动，说明市场有反应，接下来极有可能产生大波动行情。

【K线特征】

上下影组合一般运用在中大周期图中较为明显，其效率也较高，因为在小周期图中变化较快，意义不大。

【K线形成】

由图119和图120可以观察出，在相对大周期中出现的上下影转空组合，

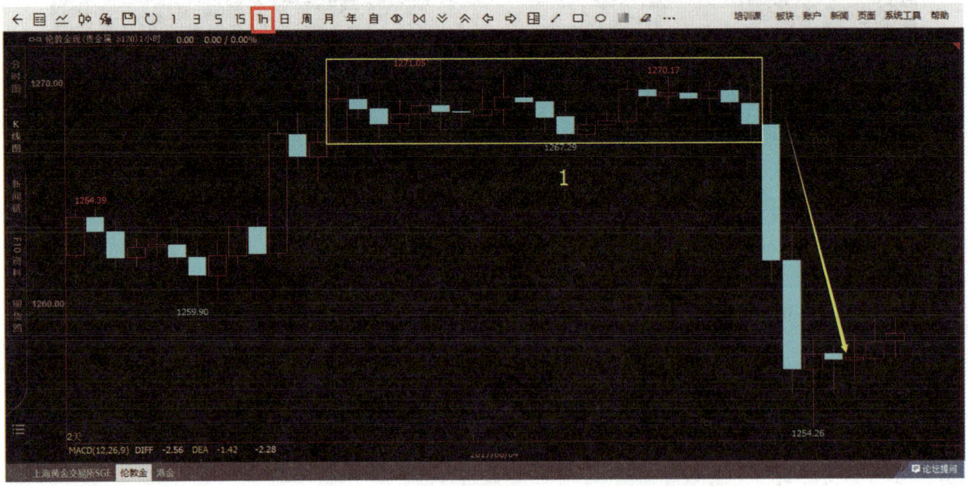

图119　1小时级别下的上下影转空组合

在相对小周期中其实就是区间内小的震荡修整形态。当小周期中的震荡修整形态振幅越大，震荡时间越久，那么反映在相对大周期中的上下影线就越长，出现上下影线的次数就越多，如此一旦选择方向向下变盘，下跌力度就越大，下跌时间就越持久。

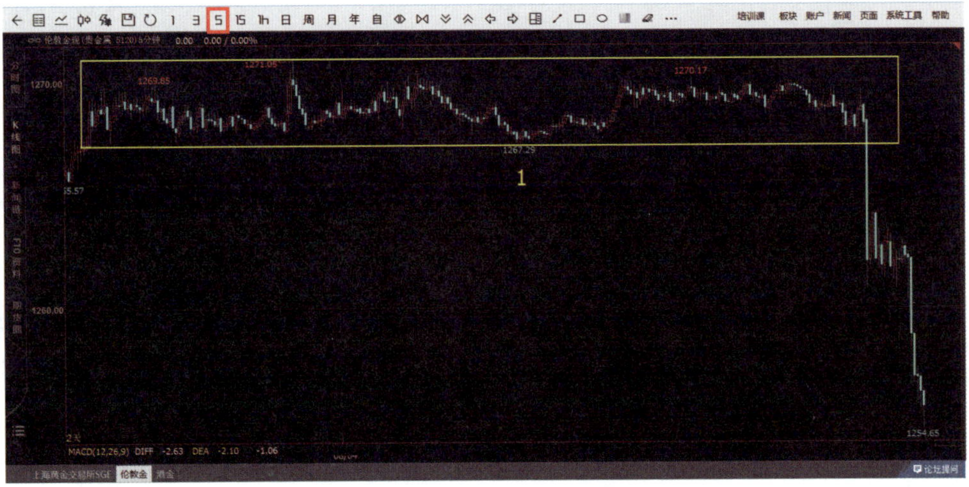

图120 5分钟级别下的上下影转空组合

【实盘注意要点】

上下影转空组合一般出现在震荡修整形态变盘末期，实盘中一定要注意阶段位置的运用，除此之外，在上涨后的高位存在有反转潜力的区域、调整末期面临方向性选择的变盘区域，在行情下跌延伸的中途休整中继时，可作为重点关注。如果在震荡初期，可能会频繁出现多根不同的上影线和下影线，此时判断依据无效。

Section 21

第二十一节 多头/空头加速

多头加速

【K线说明】

多头加速是指在上涨中期进入后期时的最后冲刺阶段，也可简称为“主升浪”阶段。

【K线特征】

（1）在上涨初期为中大阳线起涨，中期以中小阳线攀升，末期再以中大阳线冲刺主升浪。

（2）从上涨初期到中期都是以小阴线或小阳线攀升，然后再以大阳线拉升。

【K线形成】

由图121可以观察出，多头加速组合其实就是几根不同种类阳线间的组合，在相对小周期中，就是由几段上涨浪形组成。

【实盘注意要点】

这种上涨浪尖阶段属于高风险、高收益区域，一定要注意多单止盈，见好就收不能贪，因为上涨快回落也会很快，随时都有可能收出长上影线，准备止盈时，可以切换至5分钟图或1分钟图进行更清晰的观察和操作。

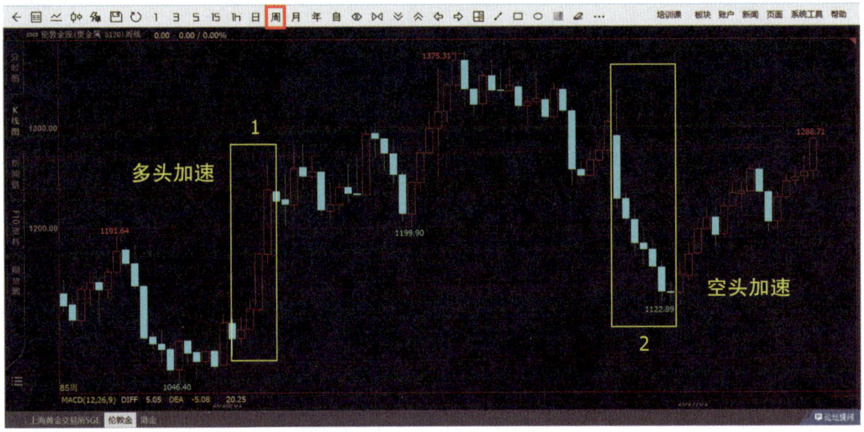

图121 多头、空头加速

空头加速

【K线说明】

空头加速是指在下跌中期进入后期时的最后冲刺阶段，也可简称为“主跌浪”阶段。

【K线特征】

（1）在下跌初期为中大阴线起跌，中期以中小阴线盘跌，末期再以中大阴线冲刺主跌浪。

（2）从下跌初期到中期都是以小阳线或小阴线盘跌，然后再以大阴线急跌。

【K线形成】

由图121可以观察出，空头加速组合其实就是几根不同种类阴线间的组合，在相对小周期中，就是由几段下跌浪形组成。

【实盘注意要点】

这种下跌浪尖阶段属于高风险、高收益区域，一定要注意空单止盈，见好就收不能贪，因为下跌快反弹也会很快，随时都有可能收出长下影线，准备止盈时，可以切换至5分钟图或1分钟图进行更清晰的观察和操作。

Section 22

第二十二节 多头/空头乏力

多头乏力

【K线说明】

多头乏力是指在上涨中多头力量释放至接近尾声，即将面临转为空头的预判。

【K线特征】

在上涨初期为长阳线，上涨中期为中阳线，上涨末期为小阳线，阳线由长到短逐根收小，涨势由急转缓，甚至在上涨末端时阴线增多阳线减少。

【K线形成】

（1）浪形上涨，例如“波浪理论”中的上行三浪或再加主升浪。

（2）单边直线上涨，阳线由长到短，中途没有回调出现。

【实盘注意要点】

在上涨阳线收敛缩短之后，尤其是到达相对大形态的上轨或阻力位时，不管有没有出现长上影线，要注意随时切换至相对小周期图中，看下行情是否出现顶背离，如果小周期顶背离严重，说明回踩的预期极其强烈，要注意开始分批止盈。

空头乏力

【K线说明】

空头乏力是指在下跌中空头力量释放至接近尾声，即将面临转为多头的预判。

【K线特征】

在下跌初期为长阴线，下跌中期为中阴线，下跌末期为小阴线，阴线由长到短逐根收小，跌势由急转缓，甚至在下跌末端时阳线增多阴线减少。

【K线形成】

（1）浪形下跌，例如“波浪理论”中的下跌三浪或再加主跌浪。

（2）单边直线下跌，阴线由长到短，中途没有反弹出现。

【实盘注意要点】

在下跌阴线收敛缩短之后，尤其是到达相对大形态的下轨或支撑位时，不管有没有出现长下影线，要注意随时切换至相对小周期图中，看下行情是否出现底背离，如果小周期底背离严重，说明反弹的预期极其强烈，要注意开始分批止盈。

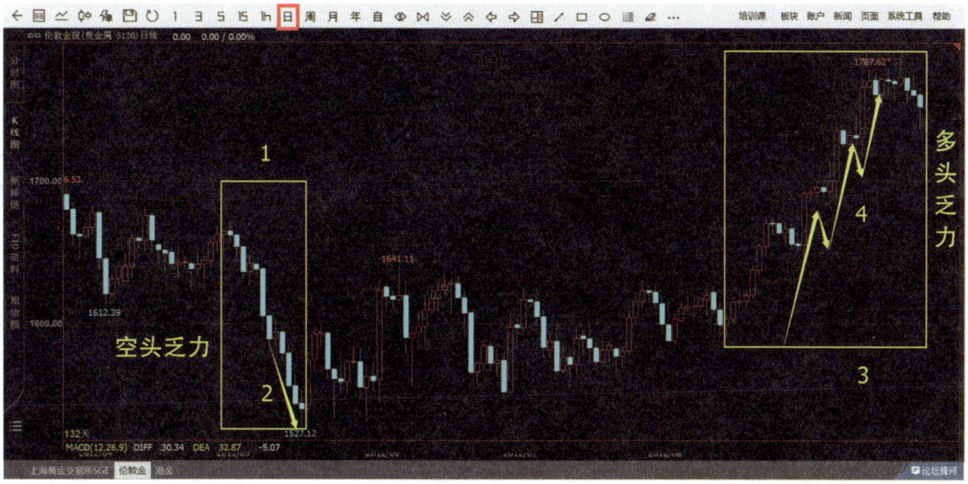

图122　空头、多头乏力

第四章
K线形态及特征解析

导读

K线形态是体现K线的形成原理、K线的不同特征的一种组合形态，也是学习K线技术的基础，接下来本章节要学习K线形态及特征解析。在K线形态方面，不同的形态将有着不同的支撑位和阻力位，在本章中笔者将梳理部分较为常见的、也较为实用的图形作为案例。在实盘交易中，可以据此参照。

在行情的分析中，要更注重K线形态，单根K线或K线组合分析出的定论太单一，也缺乏可靠性，因此真的有效的技术分析是K线形态分析。先看懂一个大形态的图形，再明白现在行情所处的阶段位置，当前的价格是在大形态的相对上轨、下轨还是中轴处，还是在临近变盘处。

如此，由大到小、由先到后、环环相扣、井然有序地去分析。总之，看得越全面，分析得越细致，理解得越透彻，才能发掘出更多的规律，也只有在规律中才能踏准节奏去交易。

Section 1

第一节 支撑和阻力

支撑

支撑是指当价格跌至前一个低点，或接近前一个低点，或跌至市场心理底线位置以及多头受保护的位置时，价格会在此位置止跌受到支撑后再回升的现象，其中回升的力度决定回升的高度。但是，弱反弹受阻力之后不排除继续下跌，一旦跌破支撑位，其价格有可能进一步下跌，或跌破支撑位后急跌。如图123所示。

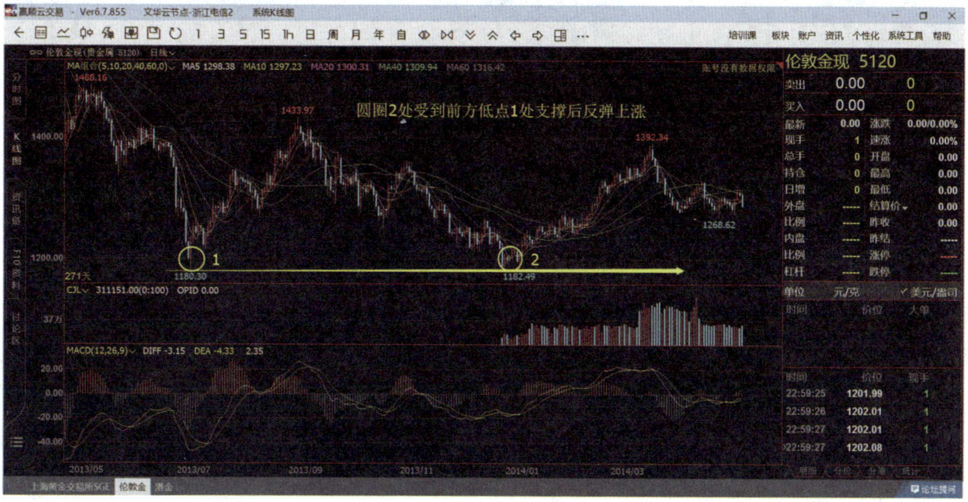

图123 支撑

阻力

阻力是指当价格涨至前一个高点，或接近前一个高点，或涨至市场心理上限位置以及受到空头保护的位置时，价格会在此位置停止上涨受阻力回落的现象，其中回调的力度决定回调的深度。但是，回踩获支撑之后不排除继续上涨，一旦突破阻力位，其价格有可能进一步上涨，或突破阻力位后急涨。如图124所示。

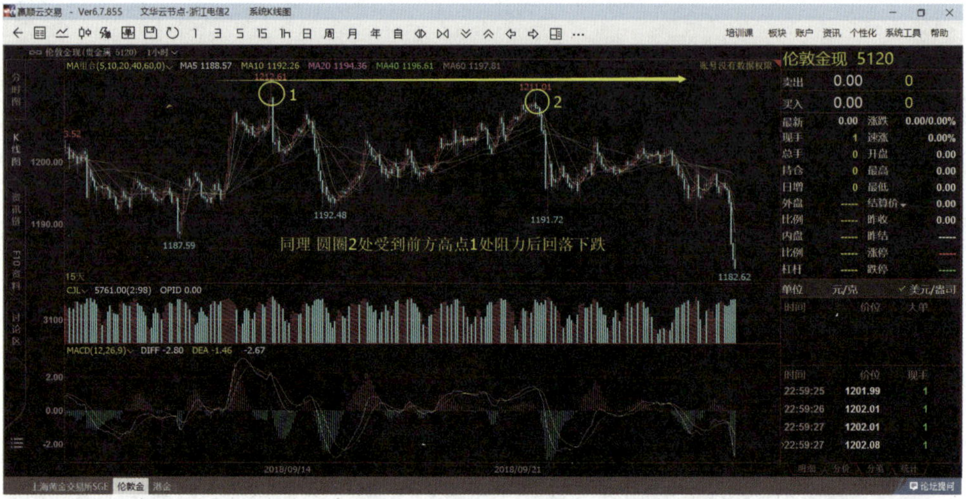

图124　阻力

Section 2

第二节
反支撑和反阻力

反支撑

反支撑是指价格在突破阻力位之后，冲高后又回踩至原来的阻力位时获得反支撑。简而言之，原来的阻力位在被价格突破之后将成为未来回调时的支撑位。如图125所示。

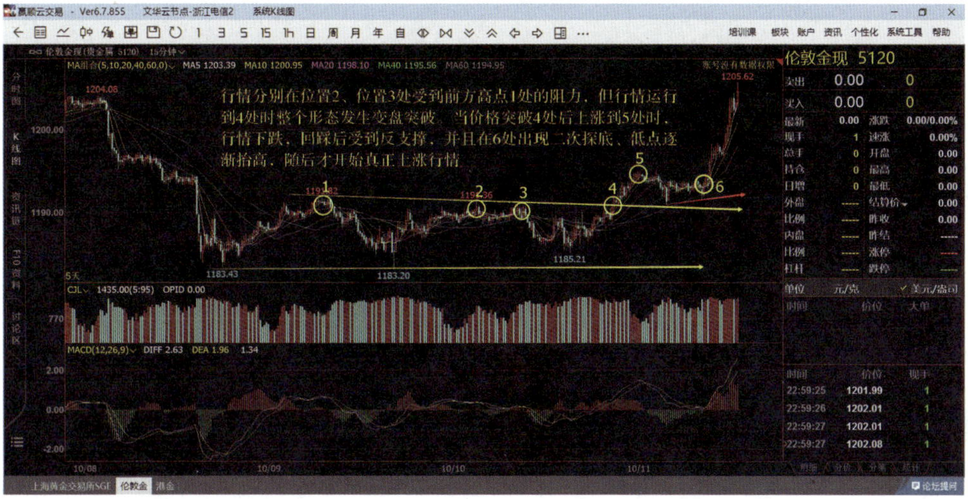

图125　反支撑

反阻力

反阻力是指价格在跌破支撑位之后，下探后又反弹至原来的支撑位时受到反阻力。简而言之，原来的支撑位在被价格跌破之后将成为未来回升时的阻力位。如图126所示。

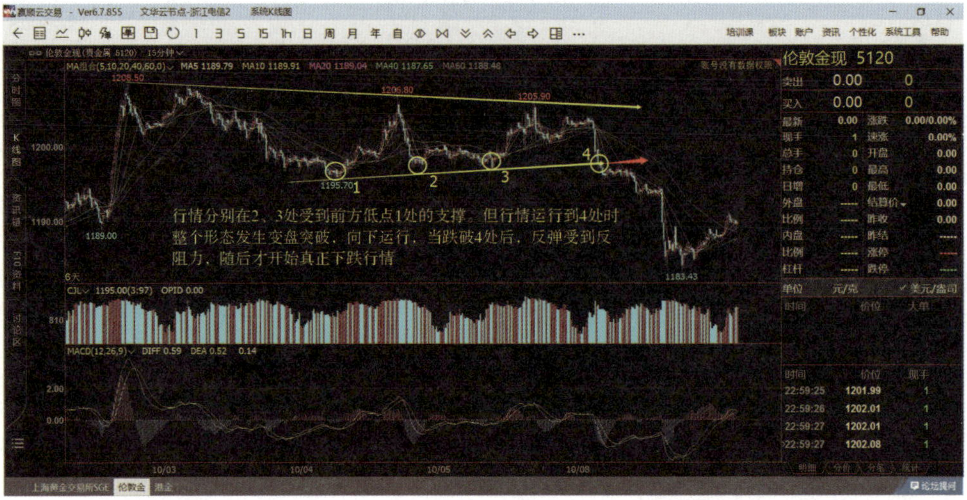
伦敦金现 5120
1208.50
1206.80
1205.90
1195.70
1189.00
1183.43
1
2
3
4
行情分别在2、3处受到前方低点1处的支撑，但行情运行到4处时整个形态发生变盘突破，向下运行，当跌破4处后，反弹受到反阻力，随后才开始真正下跌行情

图126　反阻力

Section 3

第三节 诱多诱空形态

一、诱多诱空纯属短期技术范畴

诱多是指价格上涨为假象，诱使投资者追多买入，或者前面持有空单的被迫扫损，但结果价格不涨反跌，让追进做多的投资者套牢，让原先持有空单的投资者被扫损出场的市场行为。诱空是指价格下跌为假象，诱使投资者追空买入，或者前面持有多单的被迫扫损，但结果价格不跌反涨，让追进做空的投资者套牢，让原先持有多单的投资者被扫损出场的市场行为。

二、诱多诱空常出现的阶段位置

（1）消息发布时间。例如消息好于预期，或者消息差于预期，都容易产生先涨后跌或先跌后涨的宽幅波动行情。

（2）技术变盘区域。经过前面酝酿已久的盘整之后，在即将变盘选择方向时，很容易产生诱多诱空的现象。

（3）假突破重要点位。例如在上涨中假突破重要阻力位，但很快又回落。在下跌中假跌破重要支撑位，但很快又回升，这也属于一种诱多诱空的现象。

假跌破

假跌破是指当价格跌破前一个低点支撑位后，又迅速收复至前一个低点之上，简称“诱空”（如图127所示）。如何预判是真下跌还是诱空？主要从两方面分析：一是看整体形态出现的位置是高位还是低位，向上变盘运行还是向下变盘运行的可能性大；二是看在跌破前一个低点后能否迅速收回。

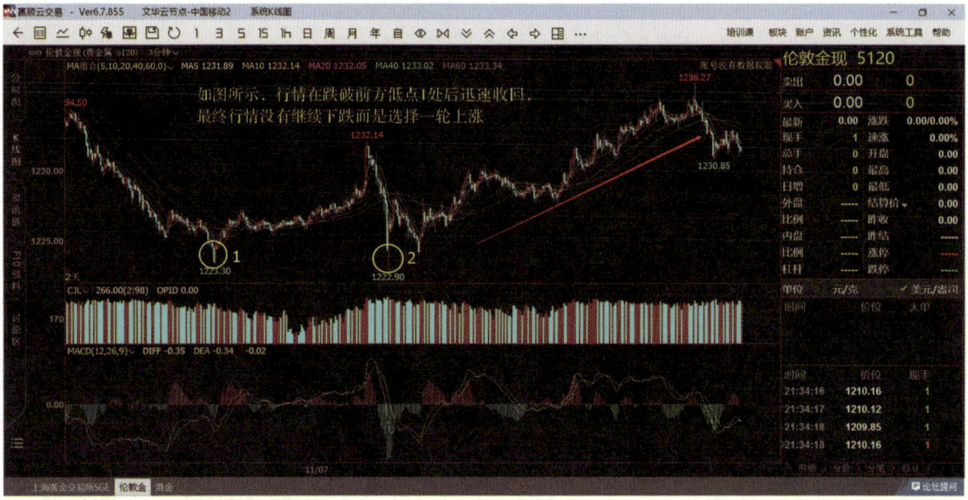

图127　假跌破

假突破

假突破是指当价格突破前一个高点阻力位后，又迅速回吐至前一个高点之下，简称“诱多”（如图128所示）。如何预判是真上涨还是诱多？主要从两方面分析：一是看整体形态出现的位置，是高位还是低位，向上变盘运行还是向下变盘运行的可能性大；二是看在突破前一个高点后能否迅速回吐。

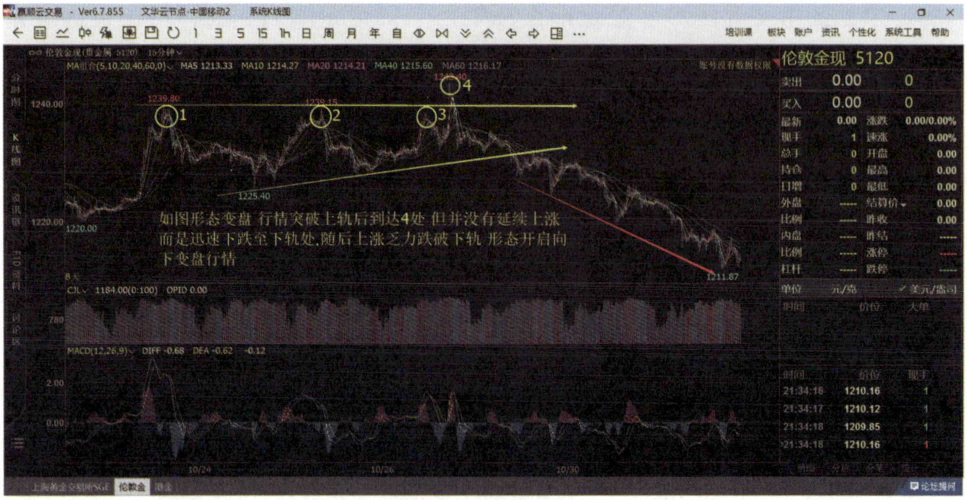

图128　假突破

Section 4

第四节
上涨中继平台

【形态说明】

上涨中继平台是指经过一轮上涨后，行情停止顺势上行，形成一种横盘式的休整状态。

【形态特征】

如图129所示，一轮上涨行情后，需要进行技术修复，一般是振幅较小的修整形态，随后突破小形态上轨继续上涨，这就是中继休整平台的特征。

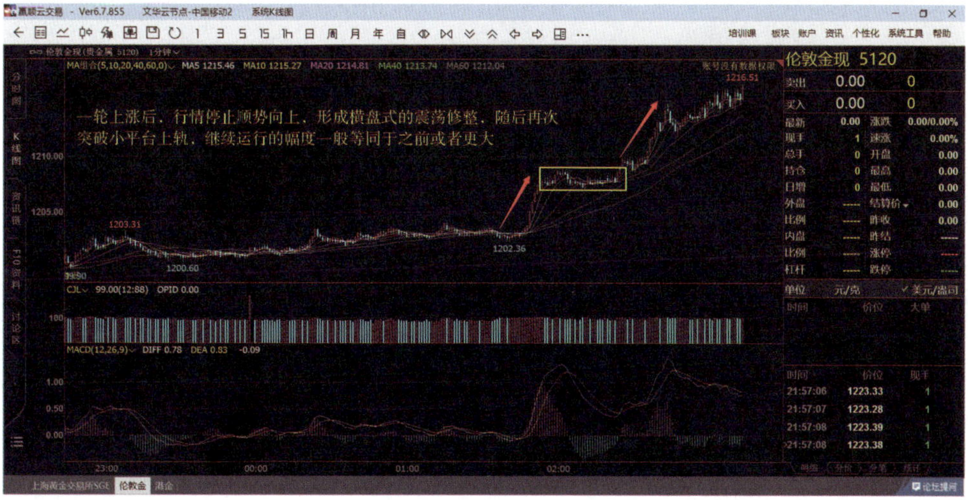

图129　上涨中继平台

【多单买点位置】

一是当行情每次触及中继平台小形态的下轨时，二是当突破小形态的上轨时。

【多单止盈位置】

突破上轨后，当上涨的幅度等同于前一段行情上涨时，或当第三浪或主升浪产生时，同时注意大形态是否到达了阻力位。指标方面，应注意当几段上涨行情后出现顶背离的情况。

【多单止损位置】

当行情跌破小中继平台下轨时。

【实盘注意要点】

无论是到达多单买点位置还是止盈位置或是止损位置时，都可以通过切换至5分钟图或1分钟图中去观察，以达到更加精准的介入。

Section 5

第五节　下跌中继平台

【形态说明】

下跌中继平台是指经过一轮下跌后，行情停止顺势下行，形成一种横盘式的休整状态。

【形态特征】

如图130所示，一轮下跌行情后，需要进行技术修复，一般是振幅较小的修整形态，随后跌破小形态下轨继续下跌，这就是中继休整平台的特征。

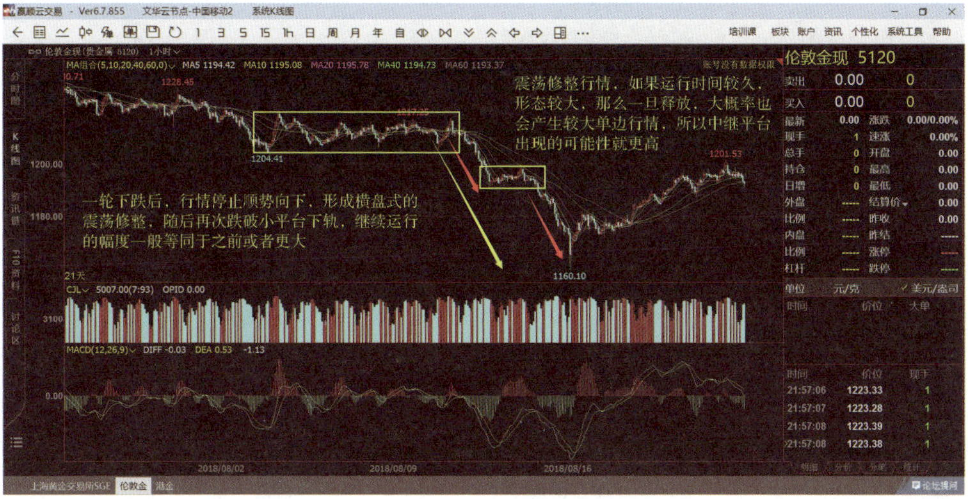

图130　下跌中继平台

【空单买点位置】

一是当行情每次触及中继平台小形态的上轨时，二是当突破小形态的下轨时。

【空单止盈位置】

跌破下轨后，当下跌的幅度等同于前一段行情下跌时，或当第三浪或主跌浪产生时，要注意大形态是否到达了支撑位。指标方面，应注意当几段下跌行情后出现底背离的情况。

【空单止损位置】

当行情突破小中继平台上轨时。

【实盘注意要点】

无论是到达空单买点位置还是止盈位置或是止损位置时，都可以通过切换至5分钟图或1分钟图中去观察，以达到更加精准的介入。

Section 6

第六节 上涨三浪形态

【形态说明】

上涨三浪形态是指经过几轮上涨后，多头行情释放完全，形成一种多头强力上涨的形态。

【形态特征】

如图131所示，一轮上涨后，行情进行小幅度回踩，一般不会超过上涨幅度的1／3，随后行情突破前高点继续上涨，一般出现三段浪形，少数情况还会出现几根大阳线拉长（主升浪）或几根中小阳线逐渐缩短（延展浪）继续延伸。

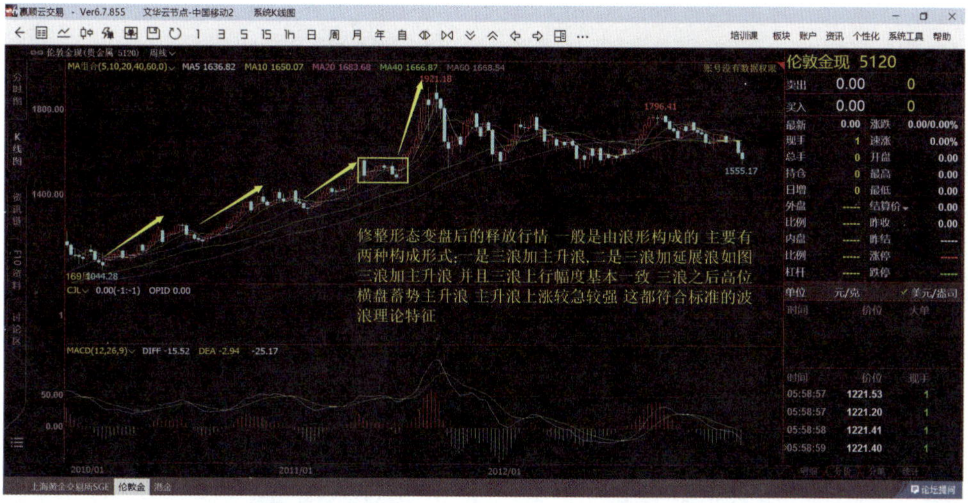

图131　上涨三浪形态

【多单买点位置】

当每浪行情上涨后回踩时，如果回踩过程中出现二次探底或三次探底的小平台且低点不断抬高，那么二次探底和三次探底时是最安全的买入位置。

【多单止盈位置】

这种多头行情的释放，是只出现两浪还是三浪，是否还会出现主升浪，这些都是难以确定的，只能边走边看，所以最好设好保本损位和移动损位后就一直持有。当然，前期要看好大形态上方的阻力位位置，作为一个止盈位的极限。

【多单止损位置】

如果回踩过程中出现二次探底和三次探底作为买点，那么可设前方首次低点为止损位。

【实盘注意要点】

上涨三浪形态一般出现在大形态震荡修整完全、变盘释放突破上轨后，一般三浪形式释放完全后，行情相对来说都到达了大形态的阻力位，指标也会面临着顶背离，此时一般也是空单该介入的时刻。同时注意一点，上涨浪形逐渐拉长或缩短都有可能，逐渐拉长有可能伴随主升浪，逐渐缩短有可能伴随延展浪。

Section 7

第七节 下跌三浪形态

【形态说明】

下跌三浪形态是指经过几轮下跌后，空头行情释放完全，形成一种空头强力下跌的形态。

【形态特征】

如图132所示，一轮下跌后，行情进行小幅度反弹，一般不会超过下跌幅度的1／3，随后行情跌破前低点继续下跌，一般出现三段浪形，少数情况还会出现几根大阴线拉长（主跌浪）或几根中小阴线逐渐缩短（延展浪）继续延伸。

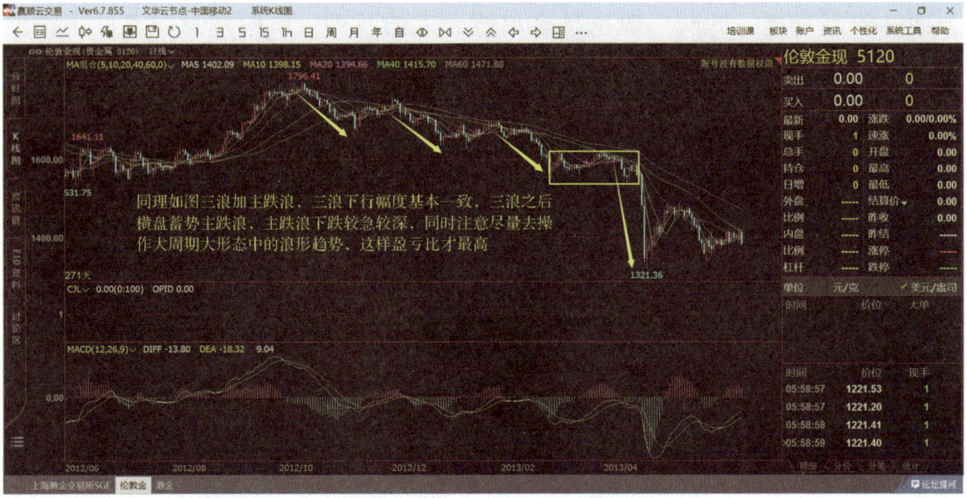

图132　下跌三浪形态

【空单买点位置】

当每浪行情下跌后反弹时，如果反弹过程中出现二次探顶或三次探顶的小平台且高点不断降低，那么二次探顶和三次探顶时是最安全的买入位置。

【空单止盈位置】

这种空头行情的释放，是只出现两浪还是三浪，是否还会出现主跌浪，这些都是难以确定的，只能边走边看，所以最好设好保本损位和移动损位后就一直持有。当然，前期要看好大形态下方的支撑位位置，作为一个止盈位的极限。

【空单止损位置】

如果反弹过程中出现二次探顶和三次探顶作为买点，那么可设前方首次高点为止损位。

【实盘注意要点】

下跌三浪形态一般出现在大形态震荡修整完全、变盘释放跌破下轨后，一般三浪形式释放完全后，行情相对来说都到达了大形态的支撑位，指标也会面临着底背离，此时一般也是多单该介入的时刻。同时注意一点，下跌浪形逐渐拉长或缩短都有可能，逐渐拉长有可能伴随主跌浪，逐渐缩短有可能伴随延展浪。

Section 8

第八节 三次探顶形态

【形态说明】

三次探顶形态在小周期图中较为常见，在大周期图中较为少见。是受阻力度最强的形态之一，俗称“三次见顶不涨必大跌”。三次探顶形态如图133所示。

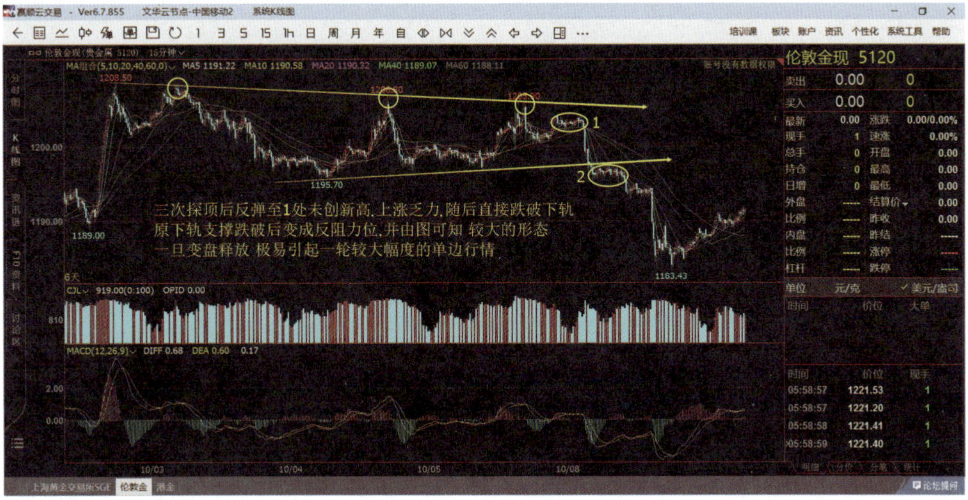

图133 三次探顶形态

【形态特征】

在上涨趋势中先看三次探顶的受阻力度，当第三次探顶回落后，再看三次探底的支撑。整体为箱体形态，后两个高点一般是下移或平行，通常在出现第三个高点后，将面临趋势性的选择，在三次高点后是变盘区域，应静待变盘信号出现。

【空单买点位置】

（1）当出现二次探顶或三次探顶时，最好高点是逐渐降低。

（2）瞬间跌破下轨时。

（3）跌破下轨反弹原下轨受反阻力时。

【空单止盈位置】

（1）区间内从上轨跌下来到达下轨时，防止行情可能再一次反复又上去了。

（2）这种大形态一旦变盘，释放完全的位置一般在下方更大形态的低点支撑位置。

【空单止损位置】

（1）行情瞬间突破上轨时。

（2）行情回踩中轴受到反支撑，随后突破上轨时。

（3）行情突破上轨后，回踩上轨受到反支撑，随后再次突破高点时。

【实盘注意要点】

（1）如果出现二次探顶或三次探顶时做空单，可以立刻去小周期图中找最精准的位置进单，此时5分钟图或1分钟图一般都会出现顶背离。

（2）整体震荡形态的中轴线是指震荡区域中间位置，中轴线是三次探顶之后判断多空的重要分界线。

Section 9

第九节 三次探底形态

【形态说明】

三次探底形态在小周期图中较为常见，在大周期图中较为少见。是受支撑力度最强的形态之一，俗称“三次见底不跌必大涨”。三次探底形态如图134所示。

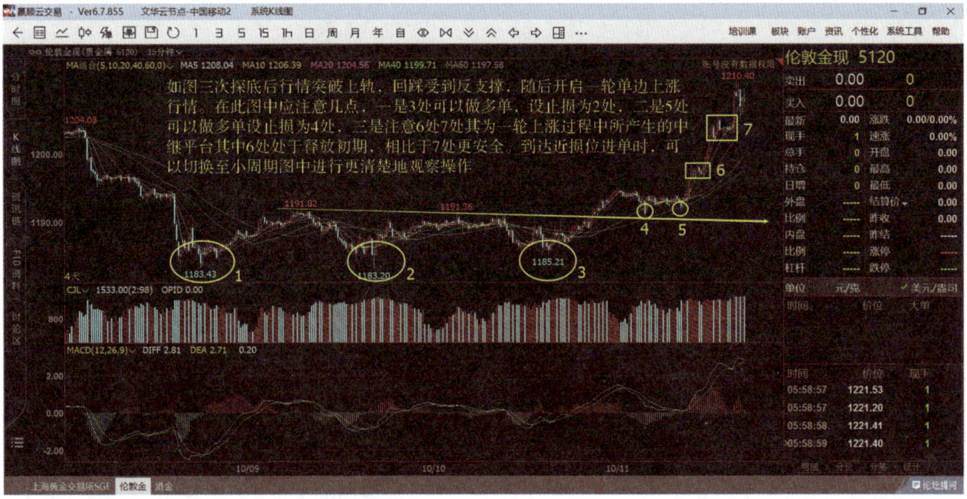

图134 三次探底形态

【形态特征】

在下跌趋势中先看三次探底的受撑力度，当第三次探底上涨后，再看三次探顶的阻力。整体为箱体形态，后两个低点一般是上移或平行，通常在出现第三个低点后，将面临趋势性的选择，在三次低点后是变盘区域，应静待变盘信号出现。

【多单买点位置】

（1）当出现二次探底或三次探底时，最好低点是逐渐抬高。

（2）瞬间突破上轨时。

（3）突破上轨回踩原上轨受反支撑时。

【多单止盈位置】

（1）区间内从下轨涨上来到达上轨时，防止行情可能再一次反复又下去了。

（2）这种大形态一旦变盘，释放完全的位置一般在上方更大形态的高点阻力位置。

【多单止损位置】

（1）行情瞬间跌破下轨时。

（2）行情反弹中轴受到反阻力，随后跌破下轨时。

（3）行情跌破下轨后，反弹下轨受到反阻力，随后再次跌破低点时。

【实盘注意要点】

（1）出现探底的次数越多，后期越是收窄，一旦突破，释放力度就越大，尤其是释放前期，极可能是几乎没有回踩或反弹的单边行情。

（2）整体三次探底的修整形态容易出现在相对大高位或相对大低位，或者大消息释放前期，人们的心态上下起伏不定，反映在行情上就是不断在一定区间内上上下下，出现很多次探底，当消息真正公布时，也是大形态选择方向变盘的时刻。

Section 10

第十节
箱体整理形态

【形态说明】

箱体修整完全之后都会选择新的方向突破，周期越大，探顶或探底的次数越多，一旦变盘突破，力度就会越强，释放的幅度就越大。箱体整理形态如图135所示。箱体修整完全后往新方向突破的形态如图136所示。

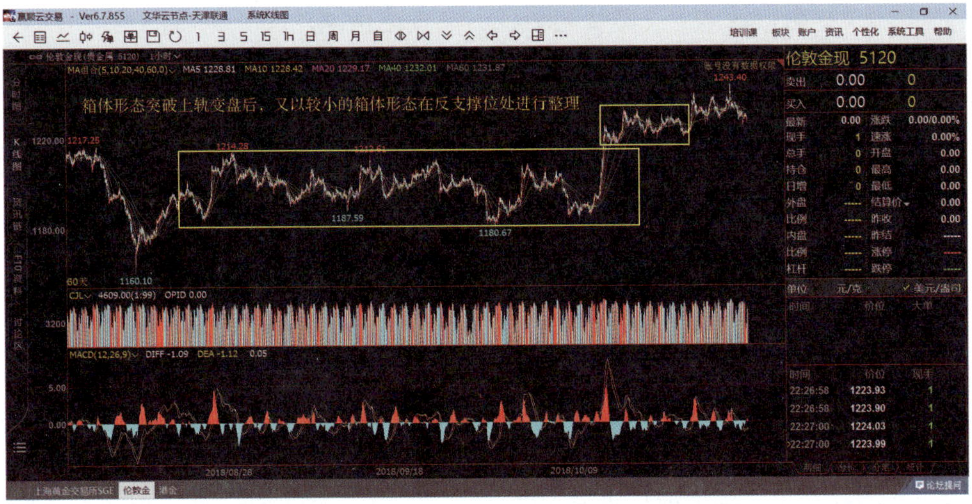

图135　箱体整理形态

【形态特征】

将高点和低点分别画一条直线，上轨为阻力位，下轨为支撑位。

【多单买点位置】

（1）在箱体下轨处的二次探底或三次探底时。

（2）在箱体末端区域重心上移，突破上轨后回踩中轴受到中轴反支撑时。

（3）在箱体末端区域重心上移，突破上轨时可立即追进多单或增仓多单。

（4）在突破上轨后的回踩时，若以上轨为反支撑位时可继续买进多单。

（5）在突破上轨后的回踩时，如果出现二次探底或三次探底，可买进多单。

【多单止盈位置】

（1）横有多长竖有多高，一旦向上突破后，其上涨的高度同横盘的长度基本相当，据此适度把握止盈位置。

（2）也可以在上一个重要阻力位大高点处止盈。

【多单止损位置】

（1）如果是在下轨处二次探底或三次探底时潜伏的多单，跌破前低点或下轨时，为止损信号。

（2）如果是在中轴时潜伏的多单，行情没有突破上轨，反而又跌破中轴时，为止损信号。

（3）如果是在突破箱体上轨时进的多单，随之没有继续上涨，而是诱多后回落，在跌至箱体中轴之下时止损。

（4）如果是在突破上轨后的反支撑位二次探底或三次探底时潜伏的多单，止损位为再次跌破前低点或上轨时。

【实盘注意要点】

整个箱体形态所处的相对位置很重要，如果出现在大形态的相对高位，那么向下变盘的可能性较大，如果出现在大形态的相对低位，那么向上变盘的可能性较大，如果出现在大形态的相对中轴处，那么变盘方向未知，以实际突破为准。

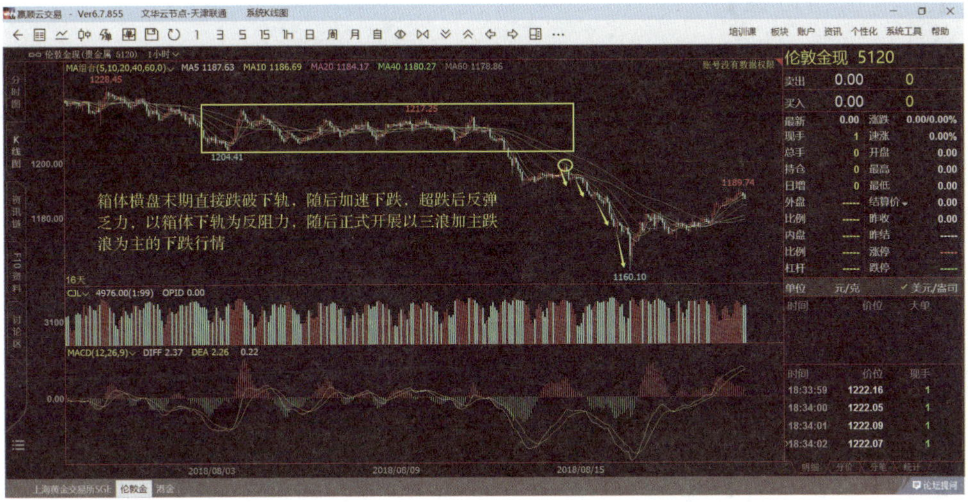

图136　箱体修正完全后往新方向突破

【空单买点位置】

（1）在箱体上轨处的二次探顶或三次探顶时。

（2）在箱体末端区域重心下移时，跌破下轨后回踩中轴受到中轴反阻力时。

（3）在箱体末端区域重心下移时，跌破下轨时可立即追进空单或增仓空单。

（4）在跌破下轨后反弹时，若以下轨为反阻力位时可继续买进空单。

（5）在跌破下轨后反弹时，如果出现二次探顶或三次探顶，可买进空单。

【空单止盈位置】

（1）横有多长竖有多高，一旦向下跌破后，其下跌的高度同横盘的长度基本相当，据此适度把握止盈位置。

（2）也可以在下一个重要支撑位大低点处止盈。

【空单止损位置】

（1）如果是在上轨处二次探顶或三次探顶时潜伏的空单，突破前高点或上轨时，为止损信号。

（2）如果是在中轴时潜伏的空单，行情没有跌破下轨，反而又突破中轴时，为止损信号。

（3）如果是在跌破箱体下轨时进的空单，随之没有继续下跌，而是诱空后上涨，在涨至箱体中轴之上时止损。

（4）如果是在跌破下轨后的反阻力位二次探顶或三次探顶时潜伏的空单，止损位为再次突破前高点或下轨时。

【实盘注意要点】

一般箱体的释放过程都是以浪形的形态展开，例如向下变盘后，注意从上轨到跌破下轨后为第一大浪，随后反弹下轨受到反阻力，再下跌为第二大浪，再次弱反弹后下跌为第三大浪。还有，买进位置的安全性是有区别的，例如在刚跌破下轨时买进的空单的安全性，会高于释放末期下跌行情处买进的空单。

Section 11

第十一节 通道上下轨

通道上轨

【形态说明】

通道上轨是一种行情向上盘旋延续的形态，如图137所示。

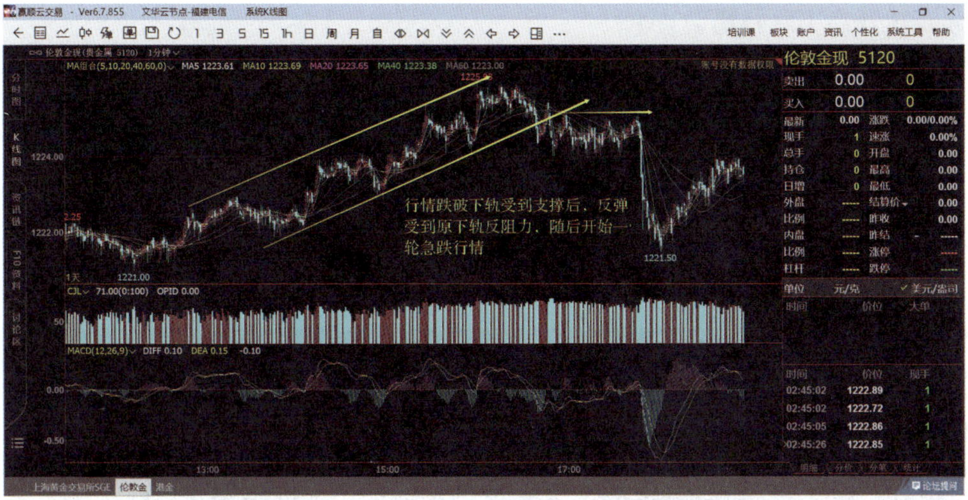

图137　通道上轨

【形态特征】

形态中的上轨为阻力位，下轨为支撑位。当价格跌破上行通道下轨后行情看空，在接下来反弹时以原下轨为反阻力位。

【空单买点位置】

在行情跌破下轨时；在跌破下轨受到反阻力时。

【空单止盈位置】

一般在到达通道的起涨点时，也就是前低点处。

【空单止损位置】

再次突破上方高点时。

【实盘注意要点】

这种形态在跌破下轨后不一定立刻下跌，有可能不断去试探反阻力位，才正式开启下跌行情。

通道下轨

【形态说明】

通道下轨是一种行情向下盘旋延续的形态，如图138所示。

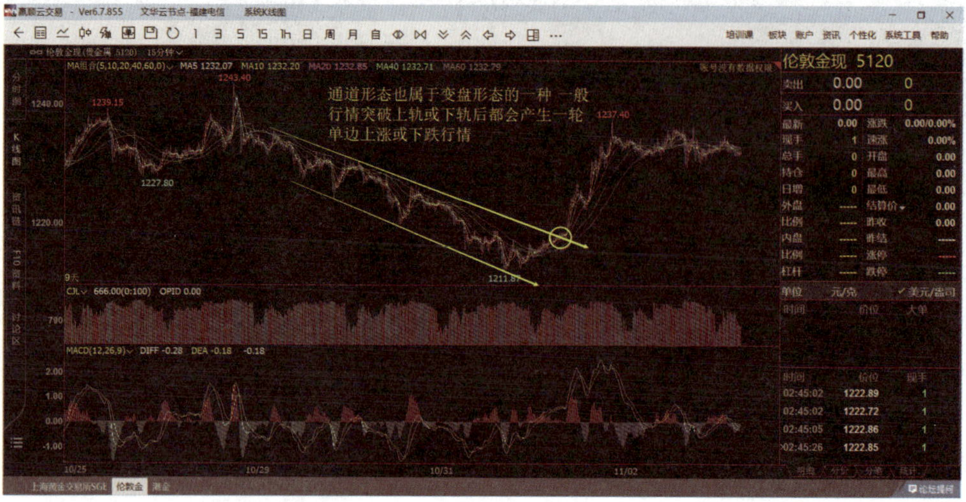

图138 通道下轨

【形态特征】

形态中的上轨为阻力位，下轨为支撑位。当价格突破下行通道上轨后行情看多，在接下来回踩时以原上轨为反支撑。

【多单买点位置】

在行情突破上轨时；在突破上轨受到反支撑时。

【多单止盈位置】

一般在到达通道的起跌点时，也就是前高点处。

【多单止损位置】

再次跌破下方低点时。

【实盘注意要点】

这种形态在突破上轨后不一定立刻上涨，有可能不断去试探反支撑位，才正式开启上涨行情。

Section 12

第十二节 三角形形态

【形态说明】

一般情形之下，三角形形态是属于整理形态，整体呈一压缩图形，同样会出现几次探顶或探底的情况。在整理末期波幅收窄时，即为变盘区域，再到末端时必会重选方向性突破。

【形态特征】

如图139所示，对称三角形的高点一般逐渐降低，低点逐渐抬高。把短期高点和低点，分别以直线连接起来，就可以形成一对称的三角形。形态意义是整理接近尾声，即将变盘。

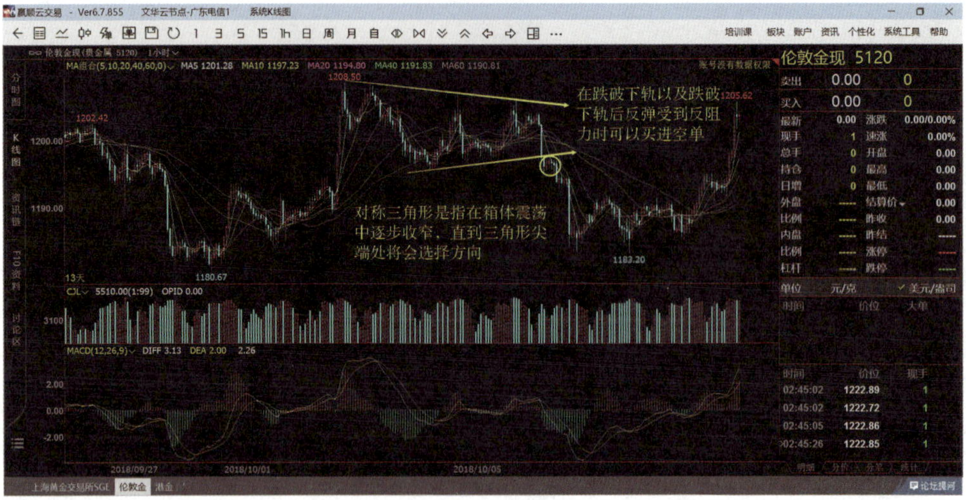

图139　对称三角形形态

【空单买点位置】

一是在上轨处二次探顶或三次探顶时；二是跌破下轨时和反弹获反阻力时；三是可在三角形的末端重心下移时做好买空单的准备。

【空单止盈位置】

三角形变盘后，一般在大前低点支撑位处。

【空单止损位置】

根据买点，一是在二次探顶或三次探顶处的空单设置在上轨或前高点处；二是在跌破下轨和反弹获反阻力时买进的空单分别设置在中轴处和下轨处。

【实盘注意要点】

三角形形态除了对称三角形外，还有上升三角形（高点、低点逐渐抬高）和下降三角形（高点、低点逐渐降低），但注意不是上升三角形向上变盘的可能性就大，或者下降三角形向下变盘的可能性就大，向上或向下变盘取决于形态出现的阶段位置，如果上升三角形出现在相对低位或者大形态的相对下轨处，那么一旦爆发，力度就会非常强，反之如果出现在相对高位，可能不涨反跌。下降三角形同理。

【多单买点位置】

一是在下轨处二次探底或三次探底时；二是突破上轨时和回踩获反支撑时；三是也可在三角形的末端重心上移时做好买多单的准备。

【多单止盈位置】

三角形变盘后，一般在大前高点阻力位处。

【多单止损位置】

根据买点，一是在二次探底或三次探底处的多单设置在下轨或前低点处；二是在突破上轨和回踩获反支撑时买进的多单分别设置在中轴处和上轨处。

【实盘注意要点】

如图140所示，三角形处在高位行情一轮下跌的中途，所以三角形预期向下变盘可能性较大，因为其处于下跌趋势中。

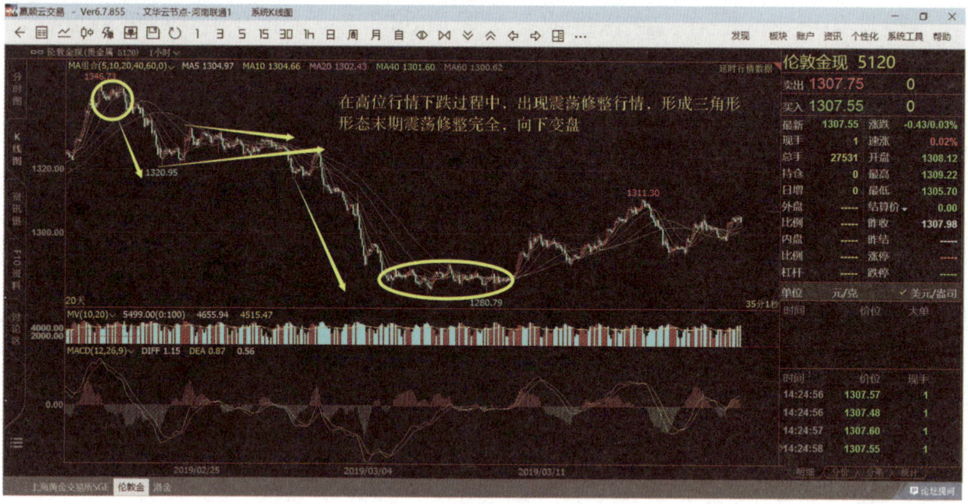

图140　处于下跌趋势的三角形形态

Section 13

第十三节 V形反转形态

【形态说明】

V形反转形态是实盘中比较常见的、力度较强的反转形态，往往出现在市场剧烈波动之时，在价格底部区域只出现一次低点，随后就改变原来的运行趋势，行情呈现出相反方向的剧烈反弹。

【形态特征】

如图141所示，V形反转形态左侧为中大阴线，一般急跌后收长下影，右侧为中大阳线起涨，一般会吞没前面的阴线。

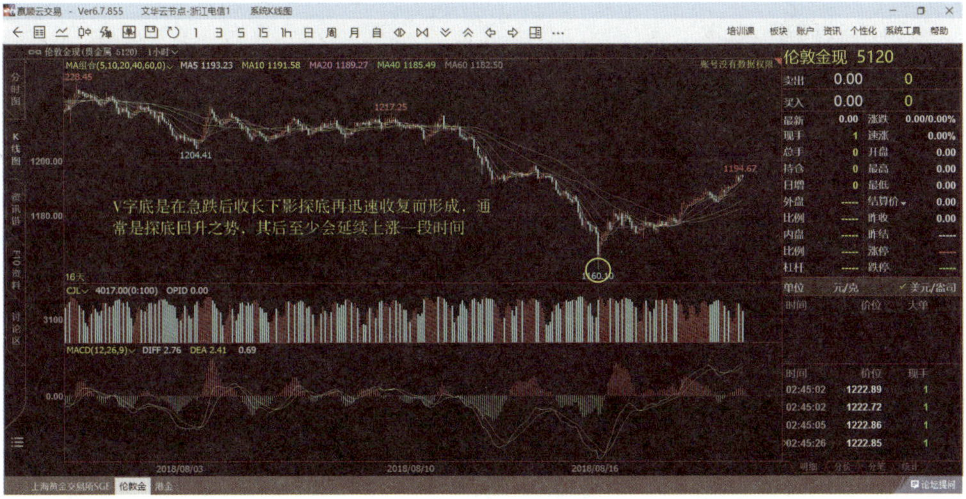

图141 V形反转形态

（1）正V形：是指持续下跌到相对低位后，突然急速回升，在图形上出现一个“V”字。

（2）伸展V形：是指正V形走势形成之后，价格回到前面的密集交易区时，再横向盘整波动一段时间，然后再继续其V形向上的走势，实战中通常所指的V形大多是这种。

【多单买点位置】

这种情况下一般是先看整体，观察前方大低点处的位置，等行情到达前方低点时，立即切换至5分钟图或1分钟图中，观察是否出现底背离，随后立即轻仓买进多单，也就是买进在V形反转成型之前。

【多单止盈位置】

出现V形反转形态后，一般行情上涨到前方小密集区可以平仓1/3，剩下的设置保本位零风险持有。

【多单止损位置】

再次跌破低点时。

【实盘注意要点】

这种行情一般出现在有重大利多消息公布后，并且从技术面上来说，行情已经急跌至前方支撑位的极限了，此时就比较容易出现V形反转形态。

Section 14

第十四节 岛形反转形态

【形态说明】

岛形反转形态是实盘中比较常见的、力度较强的反转形态，往往出现在市场剧烈波动之时，在价格顶部区域只出现一次高点，随后就改变原来的运行趋势，行情呈现出相反方向的剧烈下跌。

【形态特征】

如图142所示，岛形反转形态，其左侧为中大阳线，一般急涨后收长上影，其右侧为中大阴线开跌，一般会吞没前面的阳线。

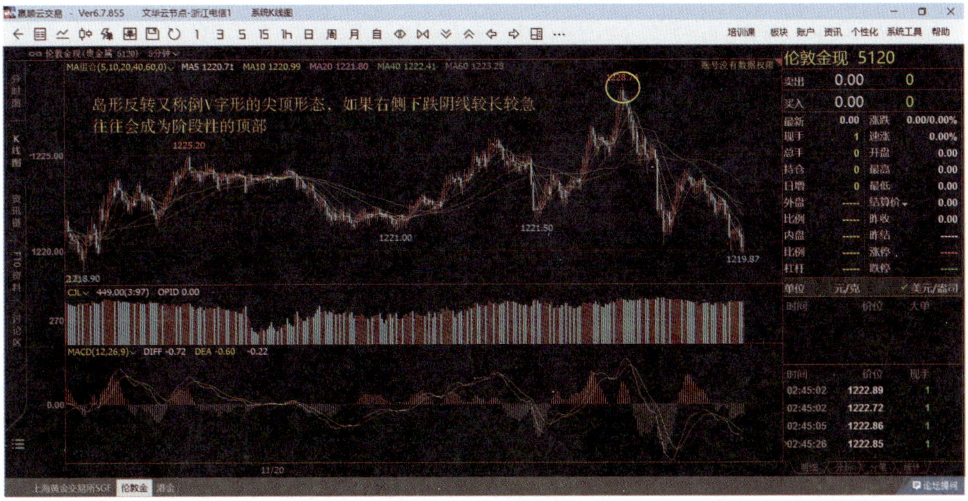

图142　岛形反转形态

（1）倒V形：是指持续上涨到相对高位后，突然急速下跌，在图形上出现一个倒V字。

（2）伸展倒V形：是指倒V形走势形成之后，价格回到前面的密集交易区时，再横向盘整波动一段时间，然后再继续其倒V形向下的走势，实战中通常所指的倒V形大多是这种。

【空单买点位置】

这种情况下一般是先看整体，观察前方大高点处的位置，等行情到达前方高点时，立即切换至5分钟图或1分钟图中，观察是否出现顶背离，随后立即轻仓买进空单，也就是买进在岛形反转成型之前。

【空单止盈位置】

出现岛形反转形态后，一般行情下跌到前方小密集区可以平仓1/3，剩下的设置保本位零风险持有。

【空单止损位置】

再次突破高点时。

【实盘注意要点】

这种行情一般出现在有重大利空消息公布后，并且从技术层面上来说，行情已经急涨至前方阻力位的极限了，此时就比较容易出现岛形反转形态。

Section 15

第十五节 头肩顶形态

【形态说明】

头肩顶是顶部形态中较为典型的大顶部特征形态之一，也是在国际黄金市场中最为常见的形态之一，特别是在小周期图中几乎每天都有出现。

【形态特征】

如图143所示，头肩顶形态图形由左肩、顶、右肩及颈线形成。“左肩”是指最左边的高点，“顶”是指最高点，“右肩”是指最右边的高点，“颈线”是指口沿处的密集交易区。标准的头肩顶形态中的右肩要比左肩低一些，才更能体现出空头的力量。在右肩构成之后，价格重心下移，酝酿蓄

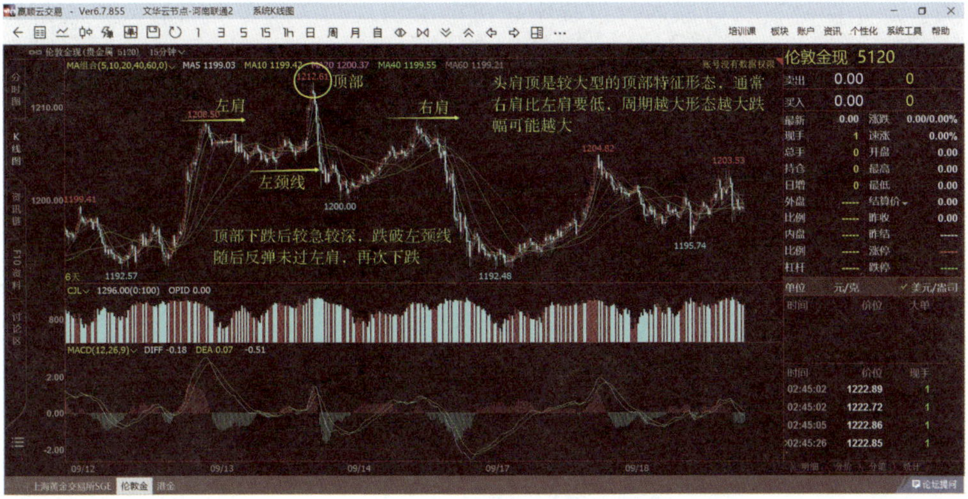

图143　头肩顶形态

势待发的状态，直至大阴跌破后展开一轮跌势。

【空单买点位置】

（1）前提是右肩低于左肩时，在右肩处买入空单。

（2）二次或三次探右肩部时，且低于前高点。

【空单止盈位置】

一是如果在右肩处买进的空单，止盈位置在左颈线位置处；二是止盈位置可在头肩顶形态释放完全时，一般释放幅度等同于从顶部至右颈线处的幅度。

【空单止损位置】

突破左肩，极限止损位为突破顶部。

【实盘注意要点】

头肩顶形态一般出现在相对高位或者一轮单边下跌行情过程中。一是注意如果右颈线低于左颈线，说明行情上涨乏力，头肩顶形态很有可能释放成功。二是注意在右肩部运行过程中，可能会出现两次或多次右肩，形成密集区形态，随后再变盘。

Section 16

第十六节

头肩底形态

【形态说明】

头肩底是底部形态中较为典型的大底部特征形态之一，也是在国际黄金市场中最为常见的形态之一，特别是在小周期图中几乎每天都有出现。

【形态特征】

如图144所示，头肩底形态图形以左肩、底、右肩及颈线形成。“左肩”是指最左边的低点，“底”是指最低点，“右肩”是指最右边的低点，“颈线”是指口沿处的密集交易区。标准的头肩底形态中的右肩要比左肩高一些，才更能体现出多头的力量。在右肩构成之后，价格重心上移，酝酿蓄

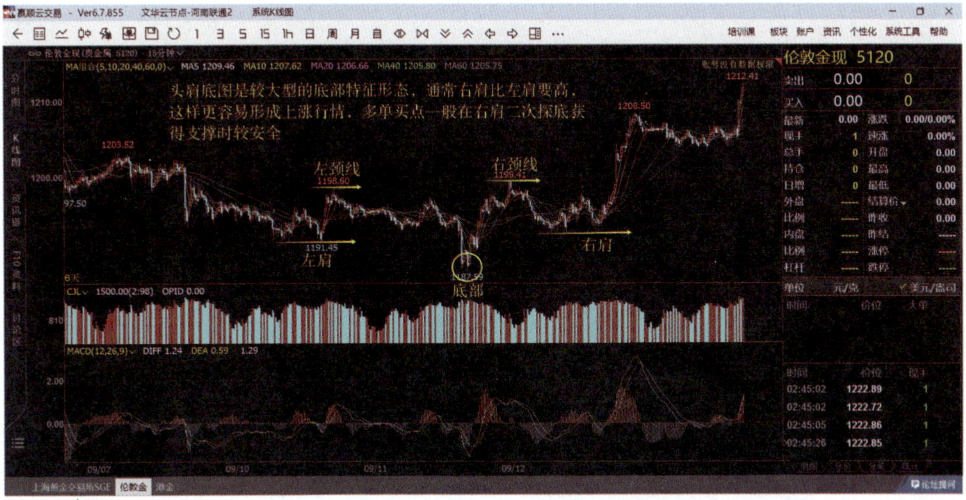

图144　头肩底形态

势待发的状态，直至大阳突破后展开一轮涨势。

【多单买点位置】

（1）前提是右肩高于左肩时，在右肩处买入多单。

（2）二次或三次探右肩部时，且高于前低点。

【多单止盈位置】

一是如果在右肩处买进的多单，止盈位置在左颈线位置处；二是止盈位置可在头肩底形态释放完全时，一般释放幅度等同于从底部至右颈线处的幅度。

【多单止损位置】

跌破左肩，极限止损位为跌破底部。

【实盘注意要点】

头肩底形态一般出现在相对低位或者一轮单边上涨行情过程中。一是注意如果右颈线高于左颈线，说明行情下跌乏力，头肩底形态很有可能释放成功。二是注意在右肩部运行过程中，可能会出现两次或多次右肩，形成密集区形态，随后再变盘。

Section 17

第十七节 复合头肩顶形态

【形态说明】

复合头肩顶形态有两种类型，一是由两组以上的头肩顶形态构成，二是由多个左肩和多个右肩构成，说明下跌趋势仍在逐步延伸或继续震荡之中。

【形态特征】

如图145所示，复合头肩顶形态在构顶箱体区域中频繁出现两组以上的顶、多个左肩和右肩。

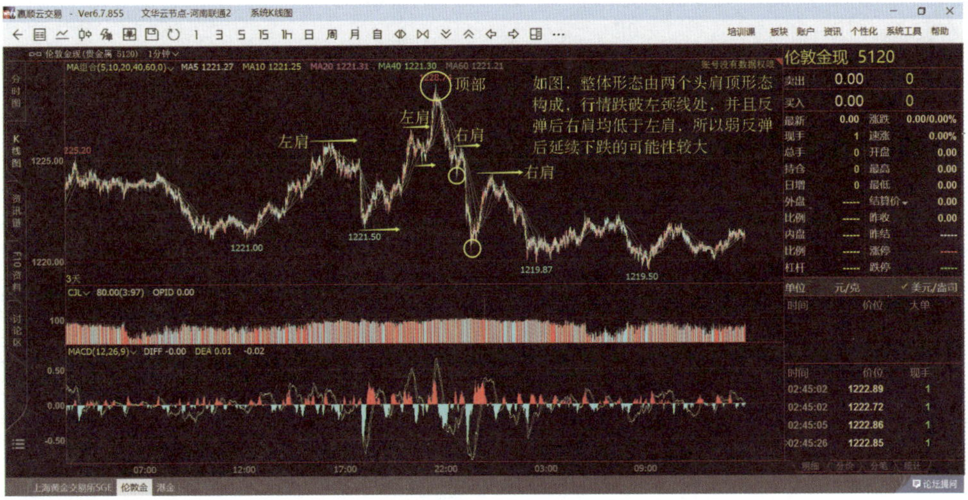

图145 复合头肩顶形态

【空单买点位置】

在复合头肩顶中出现第二个右肩时也可以买进空单，前提是第二个右肩未过第一个右肩。

【空单止盈位置】

左颈线位置及等待头肩顶形态释放完全。

【空单止损位置】

突破第一个右肩，极限为突破左肩。

【实盘注意要点】

如果出现两次或多次右肩部，那么把右肩部所有顶点相连，把颈线处所有的低点相连，就可能构成一个箱体或者三角形。这样的形态一旦出现，注意整体向上变盘，行情再次到达顶部位置，再次形成大形态的二次探顶，随后再跌下来，而不是说出现箱体或三角形形态就肯定直接向下变盘了。

Section 18

第十八节 复合头肩底形态

【形态说明】

复合头肩底形态有两种类型，一是由两组以上的头肩底形态构成，二是由多个左肩和多个右肩构成，说明上涨趋势仍在逐步延伸或继续震荡之中。

【形态特征】

如图146所示，在上升通道中，每一次回踩下轨处都会不断构成头肩底形态。

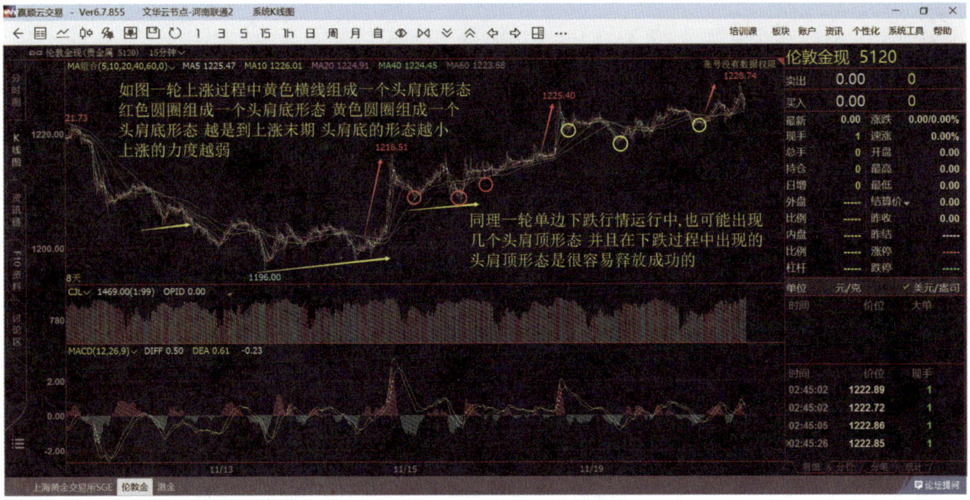

图146 复合头肩底形态

【多单买点位置】

在一轮单边上涨行情释放过程中，只要形成了右肩部，都可以买入，尤其是释放初期和中期。

【多单止盈位置】

单边上涨过程中，随着头肩底形态的不断出现，后期形态越来越小，上涨越来越乏力，直至顶部连续出现几次顶背离，此时可逐渐分批止盈。

【多单止损位置】

跌破相对形态左肩时或跌破相对形态的底部时。

【实盘注意要点】

上升通道中的头肩底形态，当每次触及通道下轨时，都是头肩底的底部，同样也是做多单机会，止损位可设置在前方低点处。

Section 19

第十九节

头肩顶失败

【形态说明】

不是每一次出现头肩顶形态后都会持续下跌的，也常有见到形态遭到破坏最终失败的。

【形态特征】

如图147所示，头肩顶失败的特征为，行情先是突破左肩，随后再次突破顶部直至再创新高。

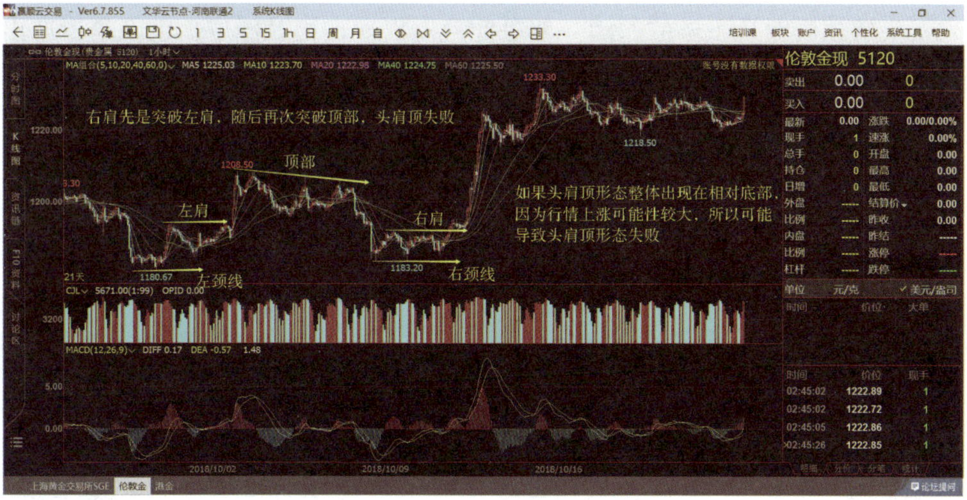

图147　头肩顶失败

【空单止损位置】

前面有买进空单的，止损信号在价格突破右肩上轨以及左肩高点时。

【多单买点位置】

多单买点位置在右颈线下轨近损位处，在此处买入多单即使没有大涨也至少会收获一个小反弹。

【多单止盈位置】

右肩部修整形态的上轨，直至右肩处的小形态向上变盘到达顶部区域甚至突破顶部释放后（幅度至少是右肩部小形态下轨处到顶部幅度的两倍）。

【多单止损位置】

跌破右肩震荡小形态下轨（右颈线）时。

【实盘注意要点】

头肩顶失败最主要的原因一般是此形态出现在相对低位，也就是形态出现在更大形态的相对下轨处，整体行情向上变盘运行的可能性较大，所以头肩顶整体向上变盘的可能性较大。通常主要表现为探顶之后回落时跌幅不大，力度不强，未到前低左颈线处，并且右肩整体一般高于左肩，以及右肩部修整小形态向上变盘等。

Section 20

第二十节

头肩底失败

【形态说明】

不是每一次出现头肩底形态后都会持续上涨的，也常有见到形态遭到破坏而最终失败的。

【形态特征】

如图148所示，头肩底失败的特征为，行情先是跌破左肩，随后再次跌破底部直至再创新低。

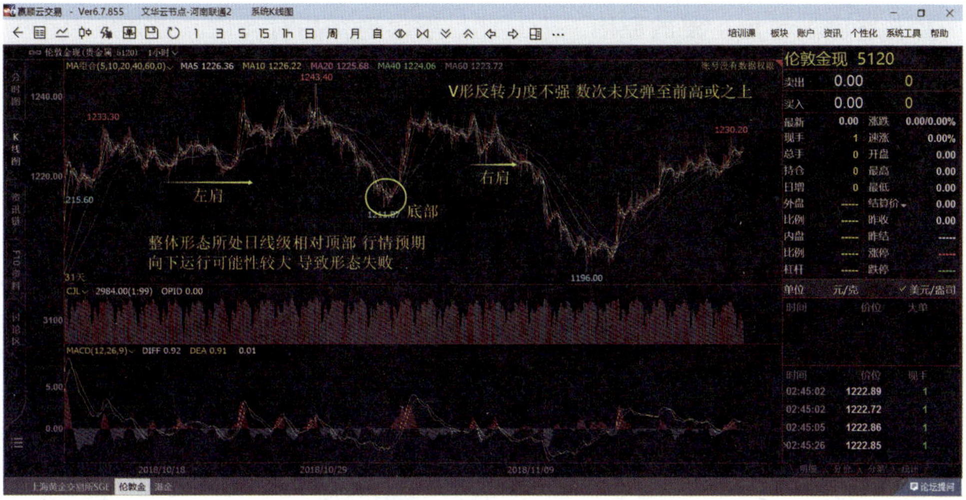

图148　头肩底失败

【多单止损位置】

前面有买进多单的，止损信号在价格跌破右肩下轨以及左肩时。

【空单买点位置】

空单买点位置在右颈线上轨近损位处，在此处买入空单即使没有大跌也至少会收获一个小回踩。

【空单止盈位置】

右肩部修整形态的下轨，直至右肩处的小形态向下变盘到达底部区域甚至跌破底部释放后（幅度至少是右肩部小形态上轨处到底部幅度的两倍）。

【空单止损位置】

突破右肩震荡小形态上轨（右颈线）时。

【实盘注意要点】

头肩底失败最主要的原因一般是此形态出现在相对高位，也就是形态出现在更大形态的相对上轨处，整体行情向下变盘运行的可能性较大，所以头肩底整体向下变盘的可能性较大。通常主要表现为探底之后上涨时涨幅不大，力度不强，未到前高左颈线处，并且右肩整体一般低于左肩，以及右肩部修整小形态向下变盘等。

Section 21

第二十一节 头肩顶底组合

【形态说明】

头肩顶底组合是指先出现一组头肩顶，后出现一组头肩底，或者是先出现一组头肩底，后出现一组头肩顶，这种“上下”或“下上”的组合比较多见，特别是在区间宽幅震荡修整行情内。

【形态特征】

如图149所示，头肩顶底组合整体图形表现为上下或下上宽幅震荡。换言之，是在变盘选择方向之前的一种诱多或诱空的特征。特别是面临重大消息影响时，或者图形经过长时间盘整后，此时由于方向不明，市场人心未稳，

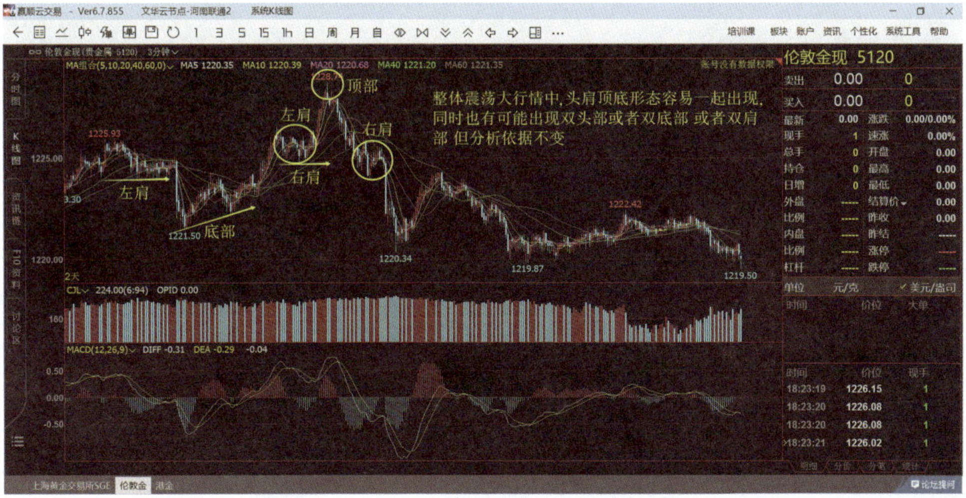

图149　头肩顶底组合

而产生出这种形态。

【实盘注意要点】

这种宽幅震荡的局面，买点一般在区间内的上下轨形态，也就是头肩顶的顶部和头肩底的底部，至于左肩和右肩，实际上是区间内中轴左右的位置，上下变盘方向不明，需要轻仓谨慎操作。

Section 22

第二十二节
密集交易区

【形态说明】

如图150所示，密集交易区是指价格在一个区域内频繁波动，随后无论向哪个方向突破，这个密集区域都会成为后面的支撑位或阻力位。

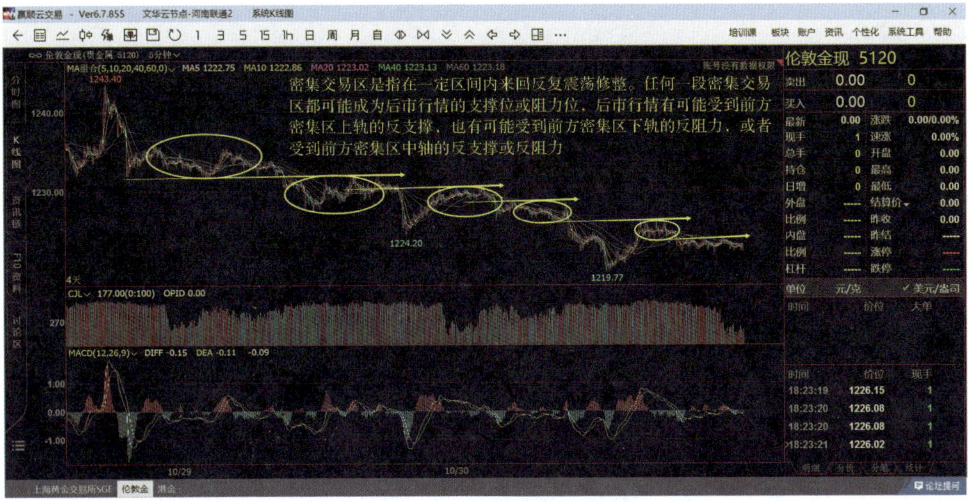

图150 密集交易区

【形态特征】

在密集交易区中的波幅的大小根据周期而定，通常产生在急涨急跌之后，行情需要产生修整时。

【实盘注意要点】

密集交易区的买点位置、卖点位置以及止盈位置、止损位置，可根据箱体形态的要求去做。在此区域内若出现任何组合形态，可靠性都不高，一般在这样的震荡环境中应空仓观望，即便持有单也应退出市场，安全为上。

Section 23

第二十三节
掌握如何画线

在实盘当中，很多人根据不同理论画出不同的线条，有简单的也有繁杂的，主要根据各自爱好决定。但笔者认为，画线越简单、越实用越好，任何市场中的K线图都一样。画线目的只有两个：一个是画出接下来的支撑位和阻力位，另一个是画出当前和接下来的趋势。其中趋势性要比支撑和阻力更重要，一旦大势所趋，任何支撑和阻力都会被击破。所以笔者建议站在趋势的角度思考，先画出大趋势后再画出小趋势；先画出大形态组合，后画出小形态组合。同时在不影响大趋势判断的情况下，可以忽略一些过小的波动和画线，例如有的人将每一个微小的波动都去画一条线，画一个浪形，笔者认为这是“画蛇添足”多此一举，反而把分析弄复杂了。总之，在学会画线之前一定要先认识和学会各个形态，因为在此基础之上画出来的线才能一目了然，并能悉知其中的意义。画线技巧如图151所示。

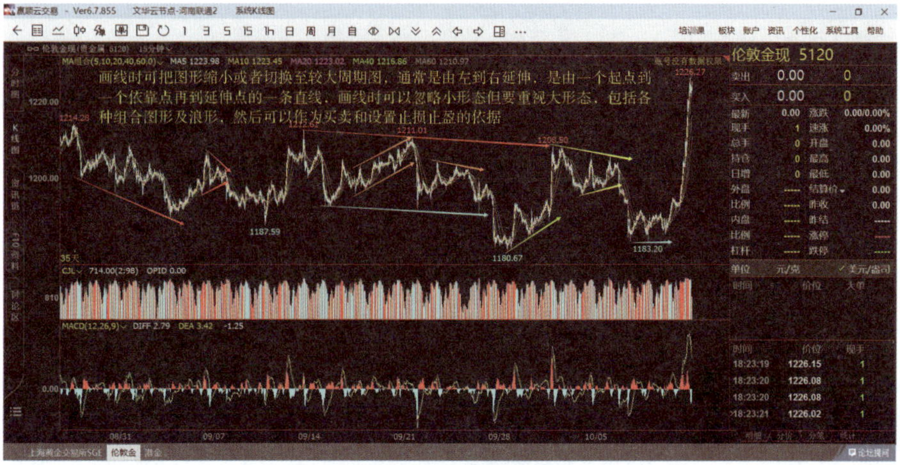

图151　如何画线

第五章
MACD指标与BOLL指标的应用

导读

MACD指标为指数平滑异同移动平均线，是从双移动平均线发展而来的，由快的移动平均线减去慢的移动平均线就能得到MACD指标，属于一种“人气型”“强弱型”指标。MACD指标在应用中计算出的参数为：快速12日移动平均数值与慢速26日移动平均数值，差离值9日移动平均值。

BOLL指标又叫“布林线”指标，是研判市场运行趋势的一种中长期技术分析工具。它可反映出一种“价格通道”的概念，通道的宽窄随着价格波动幅度的大小而变化，而且价格通道又具有变异性，它会随着市场价格的变化而自动调整。正是由于它具有灵活性、直观性和趋势性的特点，BOLL指标渐渐成为投资者广泛运用的市场热门指标。

BOLL指标一共由三条线组成：上轨线、中轨线、下轨线。中轨之上为强势区域，中轨之下为弱势区域。通常上轨有阻力，下轨有支撑。一般而言，市场的运行总是围绕某一价值中枢（如均线、成本线等）在一定的范围内变动，因此BOLL指标是一种价格通道型指标。

在大多数技术分析软件中，柱状线是有颜色的，在低于0轴以下是绿色，高于0轴以上是红色，前者代表趋势较弱，后者代表趋势较强。柱状线会收缩转弱和放大转强，形态上也会产生背离现象，但在震荡行情中指标将会失真。

Section 1

第一节 MACD的顶背离特征

【MACD顶背离的意义】

在一轮上涨的末期，在到达阻力位或者区间上轨时，多头行情释放完全，MACD就会走出顶背离的现象。

【指标特征的具体显示】

如图152所示，价格高点逐步抬高，MACD的高点却逐个降低，由此产生顶背离现象。

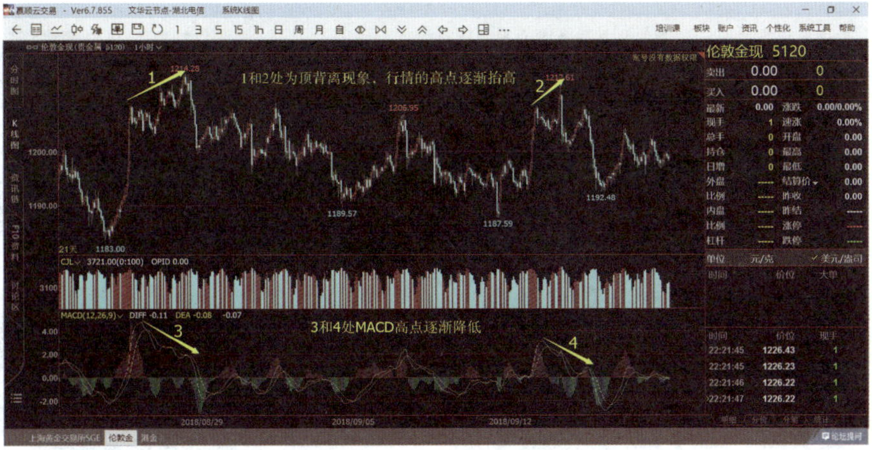

图152　MACD顶背离

【顶背离可能产生的影响】

一般在持续出现两次到三次顶背离后，行情显示的多头力度会逐渐变为弱势，有可能出现回踩现象。

Section 2

第二节 MACD的底背离特征

【MACD底背离的意义】

在一轮下跌后的末期，在到达支撑位或者区间下轨时，空头行情释放完全，MACD就会走出底背离的现象。

【指标特征的具体显示】

如图153所示，价格低点逐步降低，MACD的低点却逐个抬高，由此产生底背离现象。

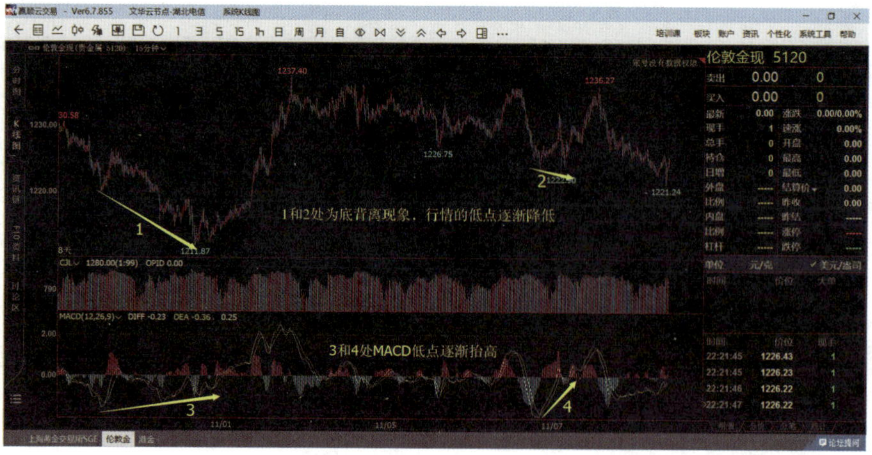

图153　MACD底背离

【底背离可能产生的影响】

一般在持续出现两次至三次底背离后，行情显示的空头力度会逐渐变为弱势，有可能出现反弹现象。

Section 3

第三节 MACD的顶背离失败

【图形说明】

顶背离一般在行情真的到达阻力位时，成功的概率才大。例如在震荡区间内，行情到达上轨受到阻力时。

但是所处相对低位的形态向上变盘后的释放初期，或者单边释放过程中途，出现顶背离是很容易失败的，因为行情的趋势为涨，而逆趋势而为的行情一般都会被层层突破。

如图154和图155所示，结合以上所讲情况，发生在极为强势上涨行情中出现类似顶背离后，可能价格下跌的幅度较小，基本上只会有一个回踩空间，随后又会延续涨势，如果周期为60分钟以上级别，至少回踩还是有些利润空间的，若周期太小，则意义不大。

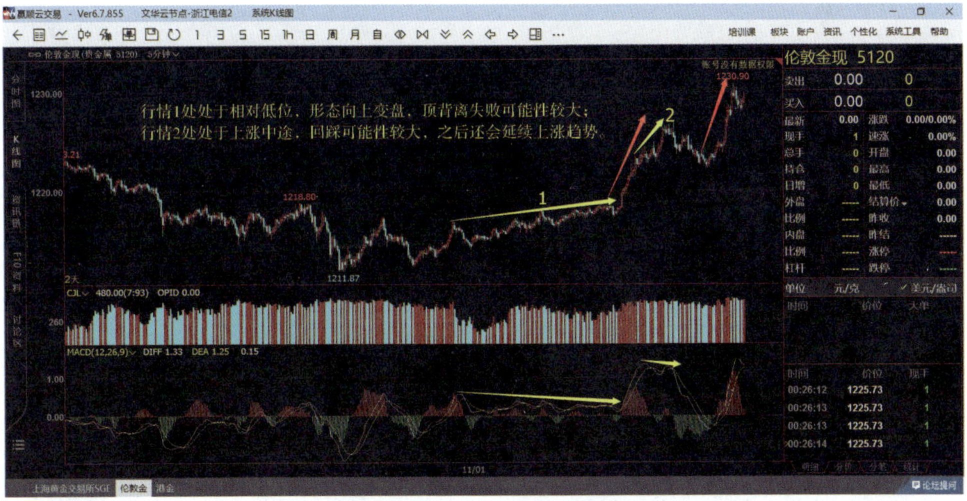

图154 MACD顶背离失败

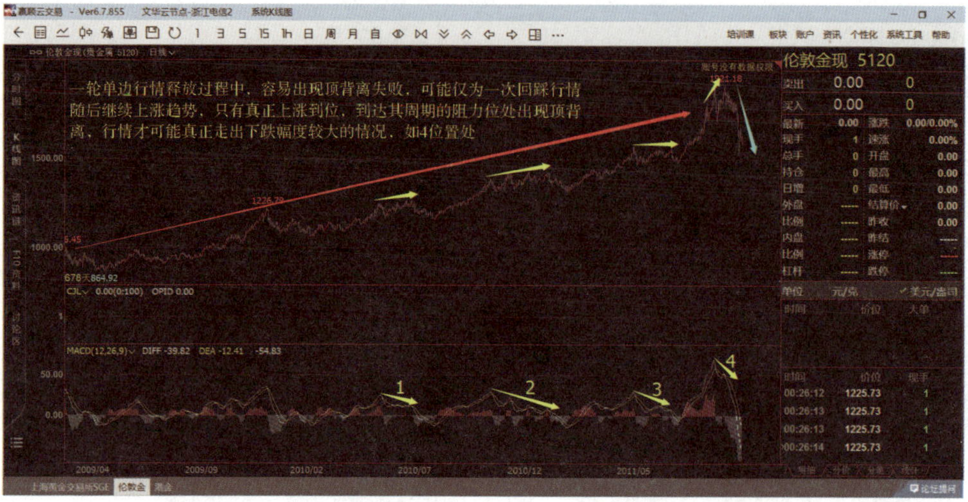

图155　行情到达阻力位时，顶背离成功的概率才大

还有一种情况，就是虽然价格没有高点逐个抬高，但价格有两次高点或三次高点持平时，MACD仍有高点逐渐下跌之势，那么也可以认为是顶背离现象。

当行情真正到达阻力位或者区间上轨时，顶背离才可以作为空单买入的参考依据。

Section 4

第四节

MACD的底背离失败

【图形说明】

底背离一般在行情真的到达支撑位时，成功的概率才大。例如在震荡区间内，行情到达下轨受到支撑时。

但是所处相对高位的形态向下变盘后的释放初期，或者单边释放过程中途，出现底背离是很容易失败的，因为行情的趋势为跌，而逆趋势而为的行情一般都会被层层跌破。

如图156和图157所示，结合以上所讲情况，发生在极为强势下跌行情中出现类似底背离后，可能价格上涨的幅度较小，基本上只会有一个反弹空间，随后又会继续延续跌势，如果周期为60分钟以上级别，至少反弹还是有些利润空间的，若周期太小，则意义不大。

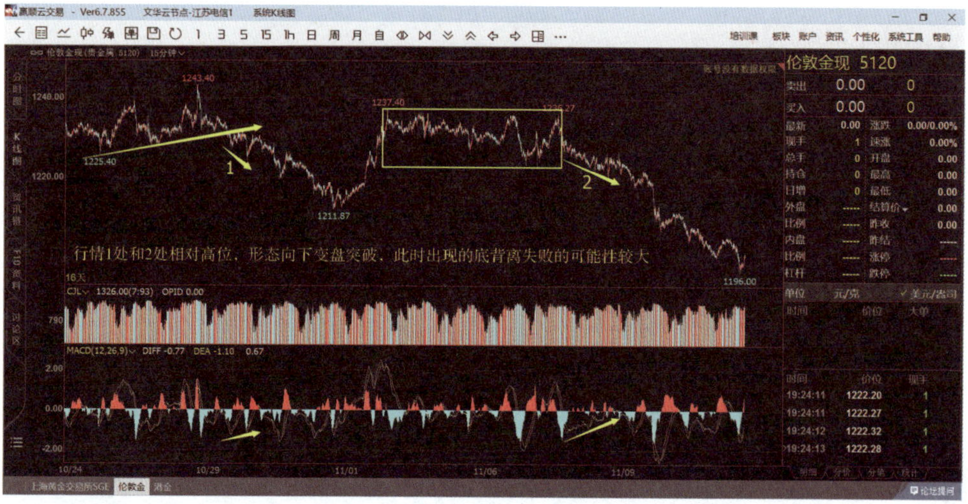

图156　MACD底背离失败

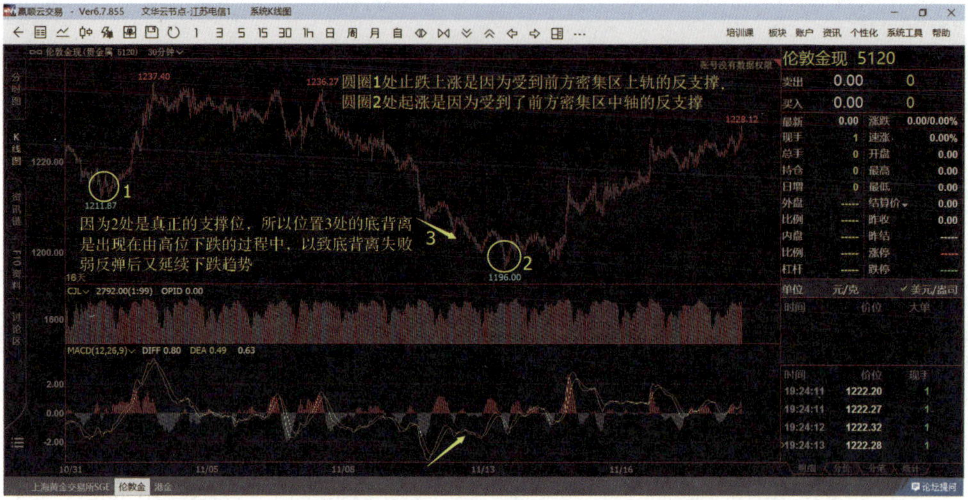

图157　行情到达支撑位时，底背离成功的概率才大

还有一种情况，就是虽然价格没有低点逐个降低，但行情有两次低点或三次低点持平时，MACD仍有低点逐渐上涨之势，那么也可以认为是底背离现象。

当行情真正到达支撑位或者区间下轨时，底背离才可以作为进行多单买入的参考依据。

【图形说明】

如之前所讲，顶背离一般在行情真的到达阻力位或底背离一般在行情真的到达支撑位时，成功的概率才大。如图158所示，在震荡区内，行情到达上轨受到阻力时。并且一旦开始下跌行情，就不会仅仅是一个回踩了。如图中的1处，行情真正到达了日线图大形态的上轨处，产生了顶背离，一旦下跌，就又回到了大形态的前低点位置处。同样，图158的2处、3处、4处，都是空单买点位置，行情目标都是跌至前方大支撑位，随后底部产生了底背离，一旦上涨，也不仅仅是一个反弹，最终都又上涨至了大上轨附近，如图158的6处、7处、8处的底背离。当然，这是区间内上下运行的行情，但是当日线图整体大形态震荡末期，快要变盘时，就算在大上轨处或者大下轨处的背离产生了，但也许仅仅也是一个回踩就上涨突破前高上轨或是仅仅是一个反弹就跌破前低下轨，所有的背离都会失败的（如图158中大形态变盘直接突破上轨，包括在5处所处大形态变盘初期，也是顶背离失败）。为什么失败？就是因为K线形态变盘了。所以指标也好，指标的各种运用也好，包括背离等等，都是辅助工具，真正的核心，还是在于K线形态本身的运行。

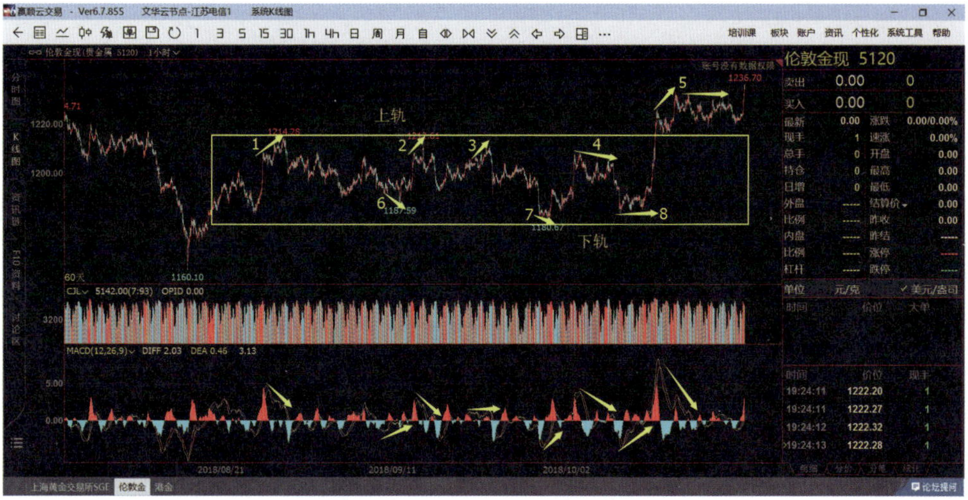

图158　所有背离失败

Section 5

第五节 BOLL支撑位

【图形说明】

BOLL支撑是指在下跌至中轨和下轨时获得的支撑效应。用这种方式判断较为简单易懂，特别是新手投资者，会比较容易适应。

【指标特征】

（1）当价格处在横盘或震荡中时，BOLL的下轨线将是价格的支撑区域，支撑力度和随后的反弹力度要根据实盘而定。

（2）在上行通道中，当价格在回踩至中轨时，往往会产生支撑的效应，一旦出现有效支撑，随之将继续沿上通道上行。

【多单买点信号】

当价格下跌至下轨或中轨处时收出阳线为多单买点信号。

【多单止盈信号】

多单止盈信号需顺势而为和结合K线图形而定，有盈利时可以逐步设置移动止损位。

【多单止损信号】

当出现反弹或回升无力的现象，随之又出现重心下移时为多单止损信号。

【实盘注意要点】

指标只是作为参考，受到下轨或中轴的支撑或者变盘等，其实都是因为形态发生了改变，例如箱体或三角形等形态发生了变盘，随后导致指标产生了异动。运用上述技巧时，一定要先看透当前市场运行的节奏，例如图159，行情每次触及下轨后，都止跌回升，随后回踩中轨后便开始起涨。这些前例现象都属于运行中的一种规律，掌握这种规律对随后的操作有着极大的帮助。

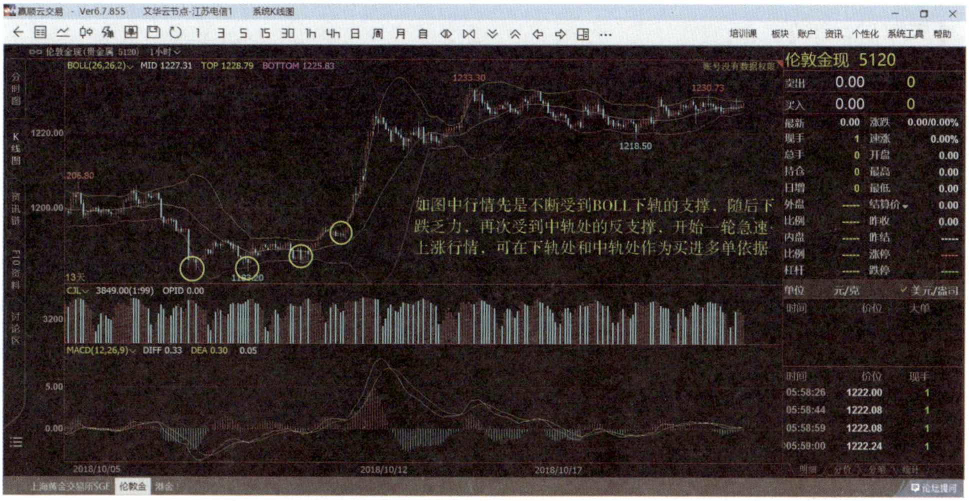

图159　BOLL支撑位

Section 6

第六节 BOLL阻力位

【图形说明】

BOLL阻力是指在上涨至中轨和上轨时受到的阻力效应。用这种方式判断较为简单易懂，也比较常见，特别是新手投资者，会比较容易适应。

【指标特征】

（1）在价格处在横盘或震荡中时，BOLL的上轨线将是价格的阻力区域，受阻力度和随后的回落力度要根据实盘而定。

（2）在下行通道中，当价格在回抽至中轨时，往往会产生阻力的效应，一旦出现有效受阻，随之将继续沿下通道下行。

【空单买点信号】

当价格上涨至上轨或中轨处时收出阴线为空单买点信号。

【空单止盈信号】

空单止盈信号需顺势而为和结合K线图形而定，有盈利时可以逐步设置移动止损位。

【空单止损信号】

当出现回落或下跌疲弱的现象，随之又出现重心上移时为空单止损信号。

【实盘注意要点】

指标只是作为参考，受到上轨或中轨的阻力或者变盘等，其实都是因为形态发生了改变，例如箱体或三角形等形态发生了变盘，随后导致指标产生了异动。运用上述技巧时，一定要先看透当前市场运行的节奏，例如图160，行情每次触及上轨后，都止涨下跌，随后反弹中轨后便开始下跌。这些前例现象都属于运行中的一种规律，掌握这种规律对随后的操作有着极大的帮助。

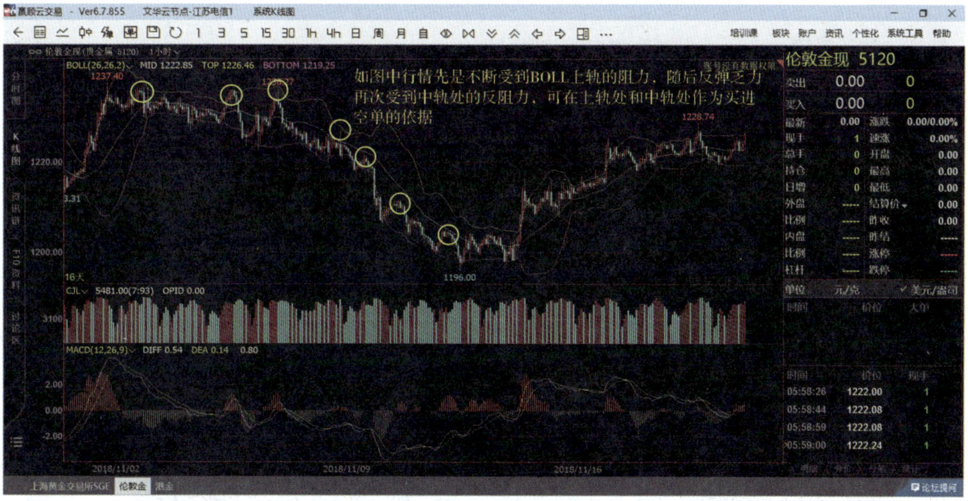

图160 BOLL阻力位

Section 7

第七节

BOLL上开口

【图形说明】

如图161所示，BOLL上开口是指行情整理充分之后，在价格向上运行时使BOLL指标向上张口，意味着行情正在向多头趋势发展。

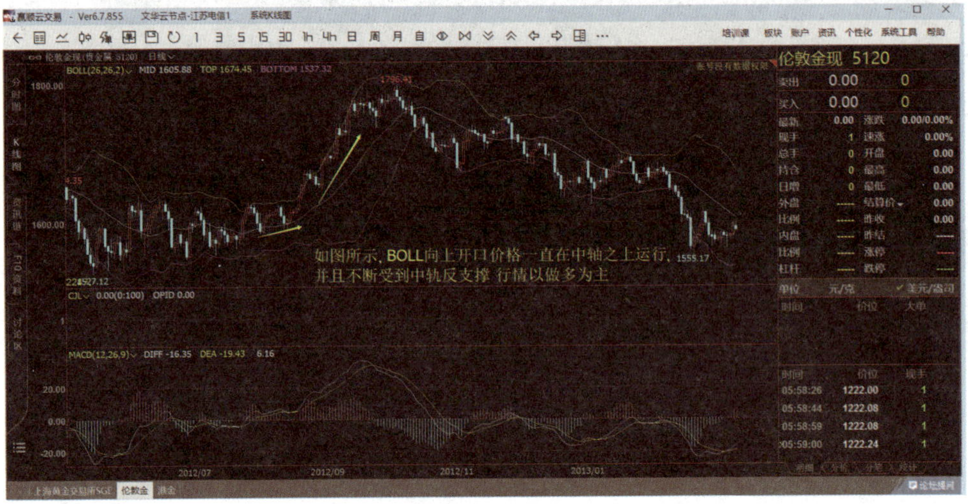

图161　BOLL上开口

【指标特征】

在扭转趋势向上运行时，K线会紧贴着上轨线攀升，并以中轨为第一支撑位，同时3根均线在向上开口后逐步上移。

【多单买点信号】

BOLL从收口再到开口时，一般都会有中大阳线突破起涨，才能使BOLL上轨线率先开口上移，此时正是多单买点信号。尤其是回踩至中轨受支撑回升时，是最佳的多单买点信号。

【多单止盈信号】

一轮上涨后，当持续1～5根K线突破上轨时，或者随之收出阴包阳时为多单止盈信号。

【多单止损信号】

当价格跌回至中轨无支撑力度，并且跌破中轨之下时为多单止损信号。

【实盘注意要点】

BOLL向上开口，往往在买入卖出操作方面具有滞后性，因此还需结合前面的K线形态和重心移向以及背离与否来进行预判。

Section 8

第八节 BOLL下开口

【图形说明】

BOLL下开口是指行情整理充分之后，在价格向下运行时使BOLL指标向下张口，意味着行情正在向空头趋势发展。

【指标特征】

在扭转趋势向下运行时，K线会紧贴着下轨线盘跌，并以中轨为第一阻力位，同时3根均线在向下开口后逐步下移。

【空单买点信号】

BOLL从收口再到开口时，一般都会有中大阴线突破转跌，才能使BOLL下轨线率先开口下移，此时正是空单买点信号。尤其是回抽至中轨受阻回落时，是最佳的空单买点信号。

【空单止盈信号】

一轮下跌后，当持续1～5根K线跌破下轨时，或者随之收出阳包阴时为空单止盈信号。

【空单止损信号】

当价格回抽至中轨无受阻力度，并且站稳中轨之上时为空单止损信号。

【实盘注意要点】

实盘中，不要只顾看着指标线条，而偏离了技术的本质，如图162，在下跌中显然是三浪下探，并且一浪比一浪要长，直到行情超跌后收长下影线，说明有扭转趋势的可能。

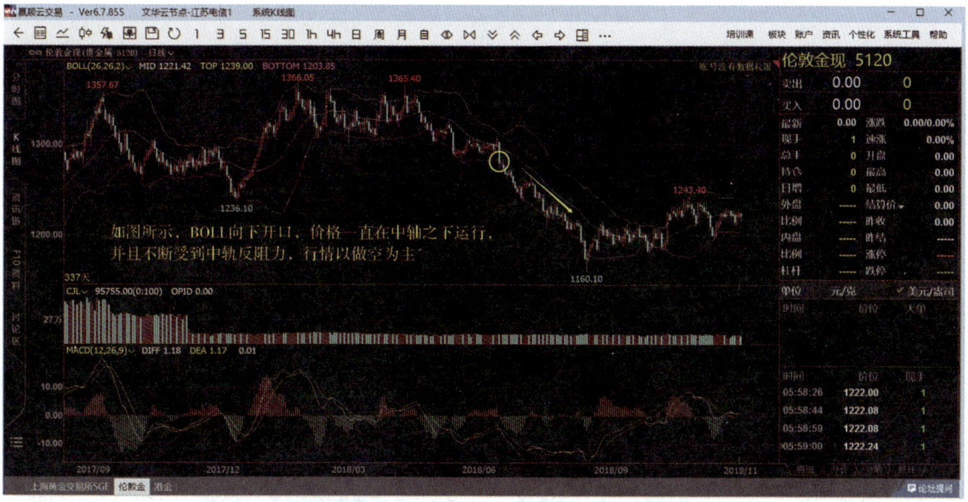

图162　BOLL下开口

Section 9

第九节 BOLL收口

【图形说明】

如图163所示，BOLL收口往往出现在一轮上涨后或一轮下跌后的修复行情中，当BOLL指标收窄靠拢时，说明行情已进入横盘状态。在此情况之下，可以进行轻仓短线的高空低多交易。

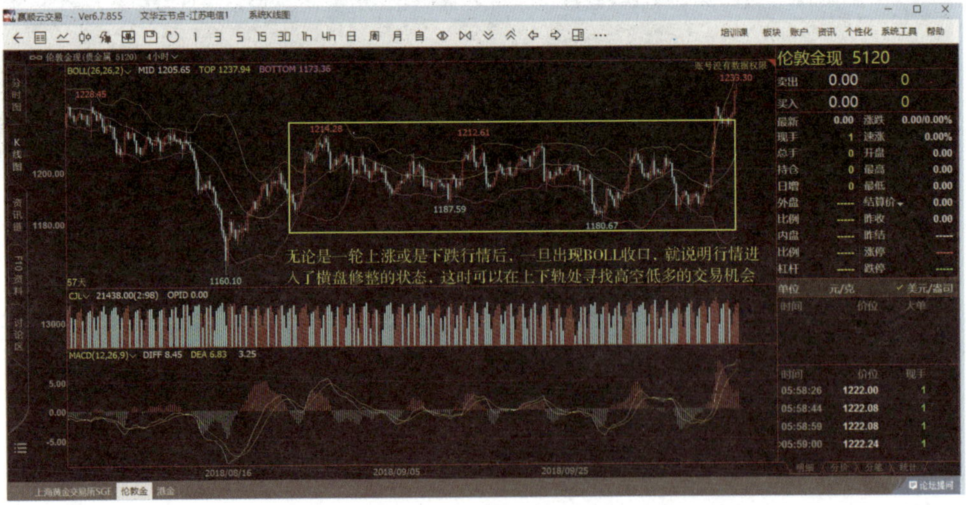

图163　BOLL收口

第六章
实盘分析及综合运用

导读

很多投资者每天都在等消息公布，等待行情波动的情况出现，当行情波动出现时却又不知所措，因为不知道第一个信号或最早能发出信号的是在哪个周期图中，甚至还不知道以哪个周期图作为操作依据，往往中大周期会出现明确大形态变盘，但不少投资者只看到小周期形态，只进行短线交易，最终错失大行情挣大钱的机会。这时要给自己的操作风格定位，以自己的操作时间和操作心态为依据，找到适合自己的交易方式，是适合超短线交易，还是短线交易，或是波段交易，甚至是中线交易。但是笔者建议还是要操作大形态大行情，因为盈利的核心就是小亏损大收益，盈亏比不重要，最重要的是亏损的时候小亏，而盈利的时候要大赚，而只有大行情大机会，才可能大赚。例如笔者隔几天会看一下周线，一天会看一两次日线图，做一个短期的趋势判断，然后再看60分钟图，将60分钟图一直停留在软件界面上。如果觉得大形态已处在立刻变盘区域或变盘窗口时，才会不断看5分钟图，更加细致地观察突破点，但看到盘面瞬间急涨或急跌时也不要心急，因为大形态的完全释放一般都要一周左右甚至更长，可能只有突破时会比较急速一些，这时可以通过小周期的小形态设损进入。具体的操作方式下面逐步讲解。

Section 1

第一节

中线周线图行情的实盘解析

【图形说明】

图164为国际黄金周线图行情。首先，我们在分析行情的时候要明白一点，不管是做周线图的行情，还是做60分钟图的行情，看周期图要由大到小去看，这是有益无害的。由图164可得知，2处将要到达前方1处的低点位置，为二次探底形态，这说明周线图的大操作机会就要来了。遇到这种机会要尽量去把握，一是因为一轮周线图的下跌到达了支撑位，显示在日线图或者60分钟图中就是跌了很久的单边行情，那么接下来上涨的可能性很大；二是因为在这种大周期图形态的支撑位处，就算不回调也会有个小反弹，但就

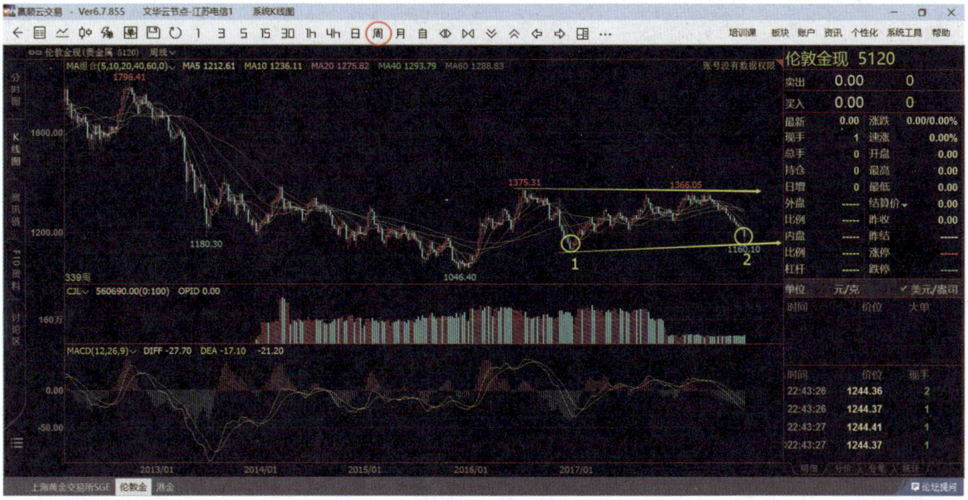

图164 国际黄金周线图

算是较小的反弹，在60分钟图中也能构成一个小波段行情，可以说大概率一买即赚。有了这样的预期后，就要时刻观察它接下来的运行走势，但看周线图是不行的，因为它不能实时反映出行情到底是怎么运行的，这就要经常切换至日线图甚至60分钟图中去仔细观察了。

【图形说明】

切换到日线图。如图165所示，大家可以看到行情出现了长下影线的形态，可以说，如果这根长下影线出现在一轮单边行情的下跌初期或者下跌中途，很可能会被立刻收复，但是如果它出现在了将要达到的周线图二次探底的支撑位处，那么就该引起注意了。

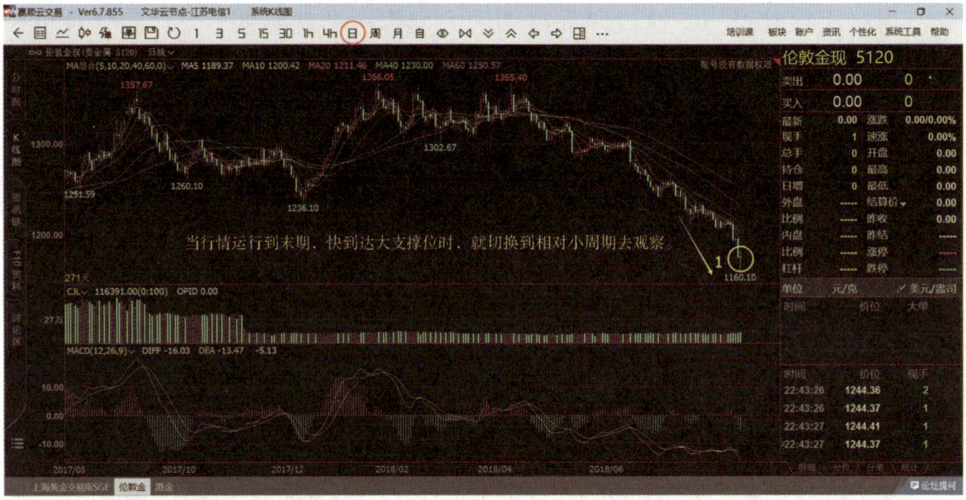

图165　国际黄金日线图

【图形说明】

切换至60分钟图（图166）后，行情变得更加明朗，日线图形态中的最后一小浪，在60分钟图中是由三浪加主跌浪进行展开的。接下来进单就分为两种了：第一种，如果比较激进，那么在60分钟图拉完主跌浪的大阴线后，就立刻轻仓买进多单（轻仓的原因是防止还有低点），随后设止损位为日线图前低点；第二种，等待60分钟图收第一根阳线后，较稳妥时再买入。但无论通过以上哪种方式买进时，都可以切换至更小的周期图，例如到5分钟图中去观察。例如第一种买入方式，在大阴线出现的瞬间，立刻切换至5分钟图甚至1分钟图，去观察60分钟图中的第4小浪在5分钟图或者1分钟图中是否也是由三浪或者三加一浪构成，如果是的话，那么就可以在小周期中收复其最后一小浪时大胆买进。

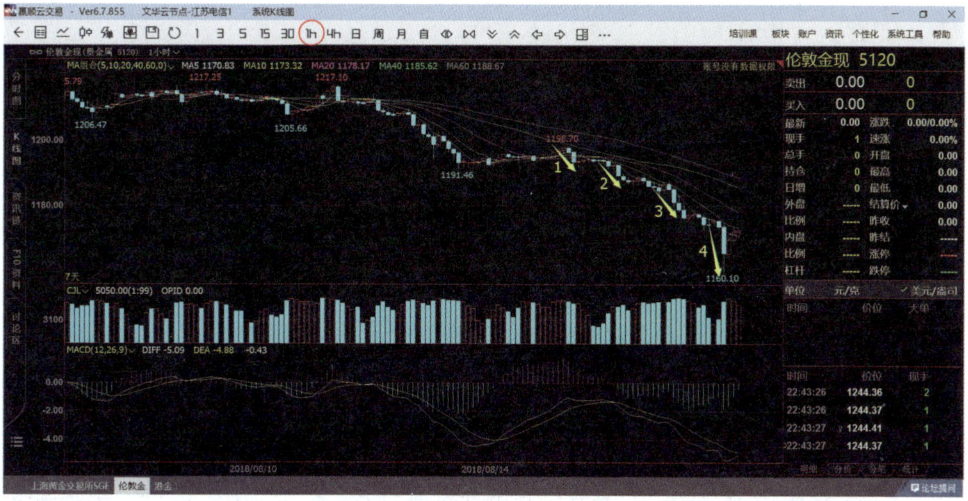

图166　国际黄金60分钟图

Section 2

第二节 波段日线图行情的实盘解析

【图形说明】

图167为国际黄金日线图行情，由图可立刻判断得出，这个位置可以轻仓潜伏多单。原因一是这个整体形态还处在日线周期图的相对大低位，再次上涨到上方形态的中轴左右是很有可能的（以上轨1365.40点附近和下轨1302.67点附近之间为区间）；二是整体形态为行情突破前方箱体后回踩中轴左右受到反支撑，在这样重要的位置，收出了小阳线十字星，所以接下来很可能再收中大阳线，那么可以把止盈位放在前高点1243.40点附近，把止损位放在十字星的低点左右。设置止损的目的是防止行情在中轴处没有受到有

图167　国际黄金日线图

效支撑，随后又跌到了下轨。虽然在日线图中看似幅度不大，但在60分钟图中这种波幅还是非常大的，最好不要扛单，不要抱侥幸心理想着行情到达下轨后就会立刻上涨，如果没有上涨甚至又跌破下轨了呢？所以这种扛单的做法，只要遇上一次一去不复返的行情，就有可能将本金全部损失殆尽。

【图形说明】

在这样上涨预期较强的支撑位处，切换至60分钟图。如图168所示，可以看到当探至1196.00低点时，正是比较精确的日线图的中轴支撑位置，并且在60分钟图中出现了三次底背离，在重要的支撑位处又出现了三次以上的底背离，这种行情的上涨预期是比较强的。

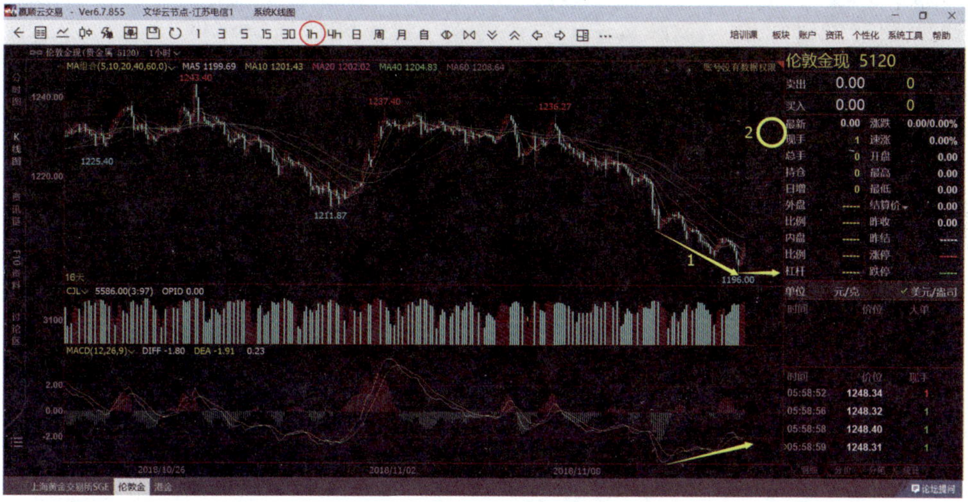

图168 国际黄金60分钟图

【图形说明】

在即将探至1196.00低点时，切换至5分钟图。如图169所示，虽然在最后一小浪下跌时，5分钟图中没有出现底背离，但相信在1分钟周期图中，是会有底背离的。所以买点有三处：一是当行情到达预期我们设定的大周期支撑位置后，在5分钟图和1分钟图出现底背离时，轻仓进单（到达大周期的真正支撑位置再出现底背离，这个前提是最重要的，否则大周期没到位置，大小周期的底背离都可能随时失败）；二是在头肩底右肩部处，也就是位置1处；三是在二次探底位置2处，设止损位为1196.00低点处。

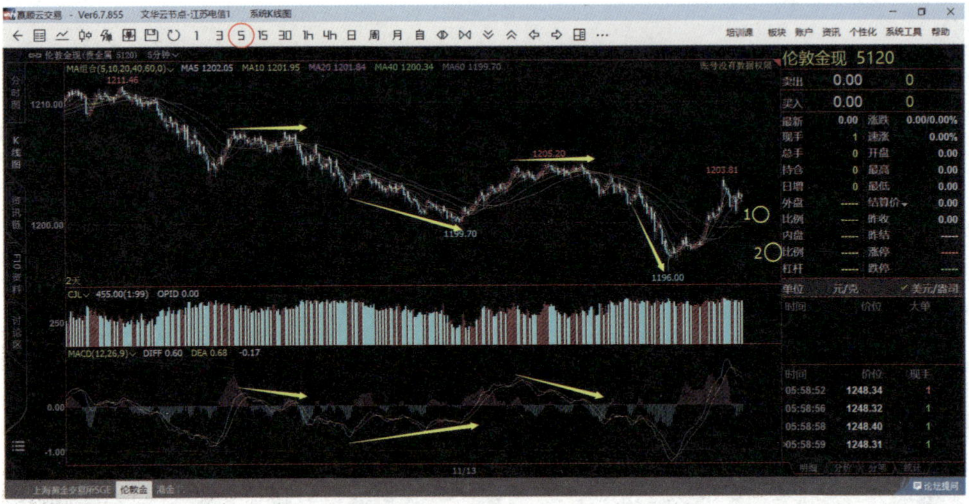

图169　国际黄金5分钟图

Section 3

第三节

短线60分钟图行情的实盘解析

【图形说明】

图170为国际黄金60分钟图行情。整体行情是箱体形态突破上轨，随后反弹受到上轨处的反支撑。但在1处时做多单还不是很安全，因为不确定行情是否还会再深度回踩回到箱体内，但是行情到达的2处为二次探底并且低点抬高，那么此时做多单是非常安全的，并且止损位也是很好设置的（设置在1处点位），接下来就非常容易判断行情的多空。

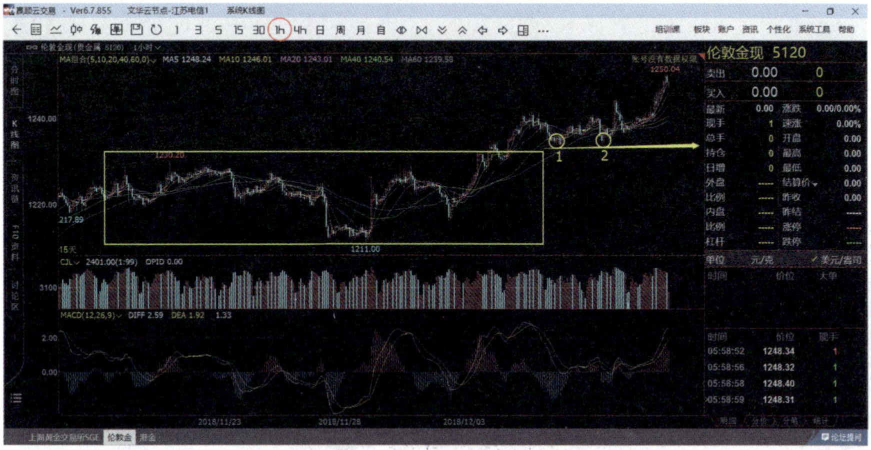

图170　国际黄金60分钟图

【图形说明】

切换至5分钟图仔细观察60分钟图的二次探底处，也就是由图171中的2处和3处组成的形态。真正触及二次探底的位置是图171中的位置2处，在此位置已经可以轻仓买进多单了。随后又出现在位置3处。当行情到达这两处时都可以去1分钟图中仔细观察。

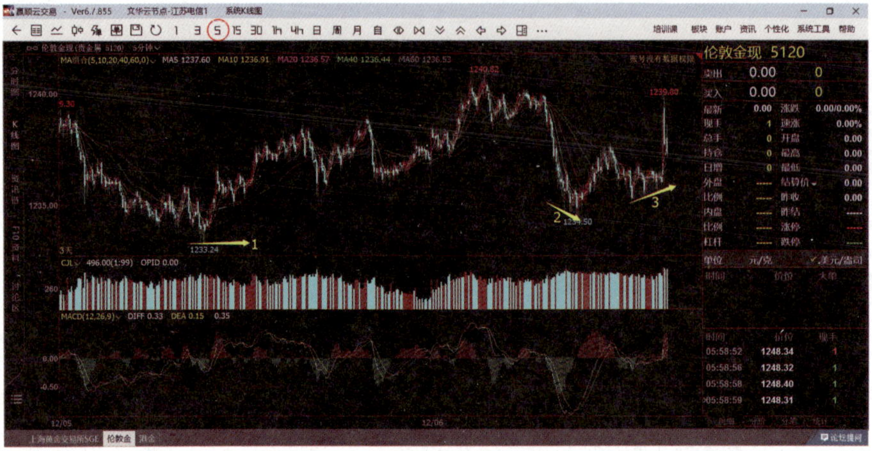

图171　国际黄金5分钟图

【图形说明】

1分钟图能够精准反映K线的实时走势，可以同时对比5分钟图和1分钟图。如图172，1分钟图中出现的底背离和三次探底形态，都是进单的精确依据。但再次说明一点，只有真正到达相对大周期大形态的支撑位后形成的底部图形才有效，否则是很容易失败的。

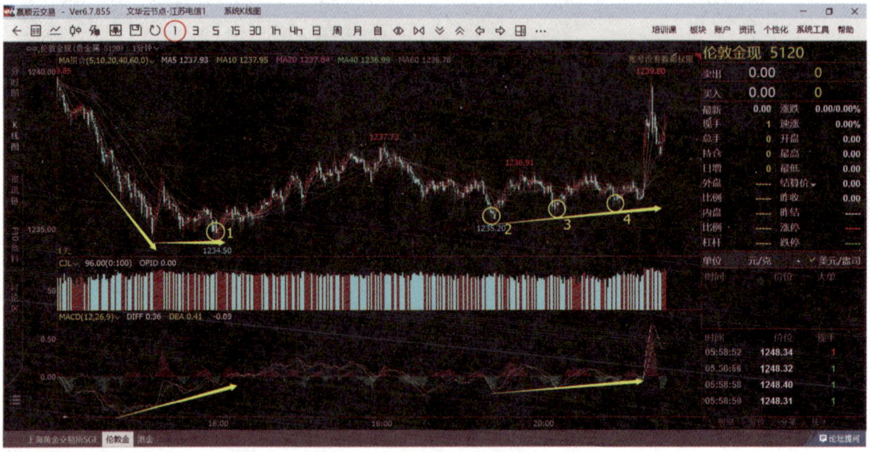

图172　国际黄金1分钟图

第七章
非农数据的操作手法

导读

每一位刚进入国际外汇黄金交易行业的朋友，接触到的第一个名词大多都是“非农数据”，每次大行情的产生，也都会和每月公布的非农数据有着千丝万缕的联系。而对于具有一定投资经验的朋友来说，非农数据发布当天更是充满大家翘首以盼的操作机会。可见非农数据在所有投资者的心中，都是无比重要的角色。本章节将从非农数据的名词解释、相关影响、交易要领等方面详细解析非农数据，争取使大家在交易时，能够更加得心应手。

Section 1

第一节 非农数据的名词解释

1.非农数据的意义

非农数据通常指美国非农就业人数，非农就业人数能反映出制造行业和服务行业的发展及增长，该数字减少即代表企业减少生产，经济步入萧条。当社会经济旺盛时，国民消费自然随之而增加，消费性以及服务性行业的职位将增多。非农业就业人数大幅增加反映了一种健康的经济状况，理论上对汇率应当有利，并可能预示着更高的利率，而潜在的高利率促使外汇市场更多地推动该国货币升值。因此该数据是观察社会经济金融发展程度和状况的一项重要指标。非农业就业人数为就业报告中的一个项目，该项目主要统计从事农业生产以外的职位变化情形。

2.统计的方式

就业报告（The Employment Report）包括与就业相关的信息，分别由两个独立的调查得出，即企业调查和家庭调查。其中企业调查提供有关非农业部门的就业情况，包括平均每小时工作和总小时指数；家庭调查提供有关劳动力、家庭就业和失业率的情况。

3.发布时间

非农就业人数与失业率（Unemployment Rate）一并公布，公布时间通常为每月第一个周五晚上，冬令时（11月至次年3月）21:30，夏令时（4月至10月）20:30，数据发布来源为美国劳工部劳动统计局，可在国内各大财经网站查看。

Section 2

第二节 非农数据的相关影响

失业率降低或者非农就业人口增加，表示经济形势转好，利率可能调升，对美元利多而利空黄金。反之，则对美元利空而利多黄金。

1.影响美元

基本面中美元的走势至关重要，而影响美元走势的主要是美国的经济数据，美国经济数据中最重要的就是非农数据。

2.影响外汇

外汇市场通常被认为是能反映所有经济指标的重要基石，因为非农数据是市场最敏感的月度经济指标，所以外汇市场特别重视每月非农就业人数的变化情况，该数据的发布有可能成为确定黄金汇市方向的一个转折，也有可能带给黄金汇市剧烈的波动。

3.影响黄金

由于黄金是以美元标价，美国的黄金储备量位居各国之首，非农数据会影响美元行情波动，美元的走势又是现货黄金价格变化的风向标，因此美元强势的时候黄金价格就表现弱势，相反美元弱势的时候黄金价格就表现强势。因此，如果将上面的非农数据与黄金价格直接相联系，将得出一个结论：在其他条件都不变的情况下，当非农数据增加时，黄金价格将下跌，反之当非农数据减少时，黄金价格将上涨。另外，考虑到预期的非农数据（下一节将涉及），结论可表述为，在其他条件保持不变的情况下，当非农数据的公布值大于预期值时（即好于预期），美元上涨，黄金价格将下跌；当非农数据的公布值小于预期值时（即差于预期），美元下跌，黄金价格将上涨。

Section 3

第三节 非农数据的交易要领

非农行情可分为三个阶段，即发布前的预期行情、发布时的突破行情、发布后的趋势行情。

一、发布前的预期行情

1.为什么要在发布前交易

美国非农数据公布时一般会引起整个国际金融市场瞬间的剧烈波动，首先将对美元的走势产生影响，同时对外汇市场构成重大冲击，表现在国际黄金行情的走势上几乎也是同时的波动。这就意味着等到非农数据发布时再挂单交易相对较晚，同时根据数据的好坏再来决定买卖国际黄金的方向也存在滞后性，并且在消息公布的瞬间，行情极容易出现极速涨跌，导致不容易成交或产生诱多诱空行情，因此建议大家在数据公布之前也少量参与交易，设损潜伏。

2.预期分析方法

在非农数据公布之前，可先查看市场对数据的预期值与前值的比较结果，预期数据是偏向利好还是利空，同时对国际黄金进行大形态和大周期的分析，例如从月线到周线、日线再到240分钟图、60分钟图综合分析，确定当前的价格处在大形态的哪个阶段哪个位置，由此可判断出非农数据影响的幅度和时长。如果行情是处于大周期大形态的相对底部，并且得出的数据是偏向利好，那么接下来极有可能产生一轮大的上涨行情；如果现在的行情是处于大周期大形态的相对顶部，那么一旦向下变盘，有可能产生一轮大的下跌行情，非农数据发布时影响国际黄金价格波动幅度就偏大，至少在50～80美元以上；如果现在的行情出现在大周期大形态的中轴左右，则要做好上下变盘都有可能的预期打算，非农数据发布时影响国际黄金价格的波动幅度可能就在10～20美元左右。

3.预判行情方向

分析得出当前价格处于大周期大形态的相对位置后，再结合非农数据的预期值，比较后可以预判出在非农数据发布时行情的方向和趋势。可以依据不同的预期走势作出以下几种预判：

（1）国际黄金价格当前大趋势正在向下（例如处于大形态向下变盘的初期或中期），并且还有下探的空间（距离下方的支撑位还有一段距离），如果非农数据是利好黄金，在发布时极有可能会使国际黄金价格先上涨后下跌；如果非农数据利空黄金，在发布时极有可能使国际黄金价格下跌加剧。

（2）国际黄金价格当前大趋势正在向上（例如处于大形态向上变盘的初期或中期），并且还有上升的空间（距离上方的阻力位还有一段距离），如果非农数据是利空黄金，在发布时极有可能会使国际黄金价格先下跌后上涨；如果非农数据利好黄金，在发布时极有可能使国际黄金价格上涨加剧。

（3）国际黄金价格当前处于处在一轮上涨后的高位顶部阶段，或者行情在高位连续震荡修整一段时间，形态较规则并面临变盘，如果非农数据是利好黄金，在发布时极有可能使国际黄金价格先上涨后下跌，也就是产生诱多行情；如果非农数据是利空黄金，在发布瞬间极有可能使国际黄金价格直接急跌，进而导致整个高位大形态向下变盘。

（4）国际黄金价格当前处于一轮下跌后的低位底部阶段，或者行情在低位连续震荡修整一段时间，形态较规则并面临变盘，如果非农数据是利空黄金，在发布使既有可能使国际黄金价格先下跌后上涨，也就是产生诱空行情；如果非农数据是利多黄金，在发布瞬间极有可能使国际黄金价格直接急涨，进而导致整个低位大形态向上变盘。

4.预判时的交易要点

（1）在大多数情况下，非农数据消息发布前都会产生预见性行情，如果一般预期利好，在非农数据消息发布前黄金价格就会逐步上移，相反则黄金价格就会逐渐下移，此时可结合行情当前所处位置是相对顶底还是相对底部、大趋势是向上还是向下、非农数据发布前一天或前几个小时的预期行情是上移还是下移、数据的预期值对黄金是偏向利好还是利空对这些信息进行综合判断，进行少量潜伏多单或空单。

（2）做好两种方向走势的准备。在这种不确定性较大的情况下，一定要有全面性的交易对策，可以在数据发布前几分钟时提前买单，但买单的价格离现价不能太近，也不能太远，一般在3～85美元左右，另外要见好就收，有盈利后设好保本损、移动损并分批止盈。

（3）预期交易时一定要设置好止损位，以防行情与预期方向不符产生大亏损的风险。有了止损设置，可在止损之后重新找机会做单。

（4）一定要提前预估各种位置，包括进单点位、止盈点位、止损点位，如果预判数据发布时行情出现先上后下或先下后上或直接上行或下行的情况，那么应该分别找出向上的阻力位和向下的支撑位的位置。如此经过对行情的综合分析判断和各种充分准备，在非农数据发布时，无论行情怎么波动都能够做到进退自如。尽可能在自己预判范围内交易。

二、发布时的突破行情

1.突破力度

在国际黄金市场中，行情的数据值之差的大小决定其冲击力度，而初始释放的力度大小又决定延伸幅度。例如在重大消息发布时，在变盘突破时，就短期一轮波段行情而言，如果当行情在1分钟内冲击了10美元，那么本轮波段延伸幅度在20美元左右甚至更多；当行情在1分钟内冲击20美元，那么本轮波段延伸幅度在40美元左右甚至更多；当行情在1分钟内冲击5美元，那么本轮波段延伸幅度在10美元左右。以此类推，这是一种常见规律，但不具有绝对性，尤其是近一两年非农数据引起行情涨跌幅度不太明显，同时非农数据发布后行情上下震荡也是一大特点。

2.追单方式

追单不是指在行情突然急速上涨或下跌后就去追，不是见涨追多、见跌追空，而是要有计划地追单才能提高成功率。例如在非农数据发布后1分钟之内黄金价格上涨了5美元左右，这个时候看1分钟图中的K线在急速上涨后可能会形成一个上涨中继平台，那么等待中继平台形成之后，可在小平台的下轨处轻仓做多，或者等行情再次突破小平台的上轨处时轻仓追多，那么这种追单的成功率会高许多，而分批止盈的第一目标位也在5美元左右，剩下的单子零风险去博取接下来的延续行情。

假设在消息公布行情极速涨跌的瞬间去追，是很难买到较低价位的，并且难以成交，一般都是在瞬间突破后的相对高位才成交，如果随后出现回踩行情，就会面临亏损的风险。所以在行情突变时不要盲目冲动，记得多看1分钟图或5分钟图，等中继平台出现再去交易，如此在这之后的几分钟内，会让我们更加理智，并且成功率还高。在这种瞬间破位的高收益高风险的行情下，我们要明白，不能指望着这一次要赚多少钱，只能是当作轻仓参与的心态来操作，并且一定要设好止损位。

三、发布后的趋势行情

1.把握中继平台

很多时候我们交易时要打组合拳，例如当一个大形态向下变盘，可能在下轨处做的多单被扫损了，这时不能因为亏损对情绪产生影响而放弃交易，而是要立刻反手做空单，因为一个60分钟图以上级别的大形态一旦变盘，它的释放空间会很大，还会有进单盈利的机会。

这时尤其在大形态变盘释放的初期，在60分钟图或者5分钟图等相对小周期图中均会出现中继平台，所以如果我们想顺势而为，可以通过寻找规则的小形态来进单。总之一轮行情突然上涨或下跌时，一定要记得去相对小周期中去寻找中继平台，珍惜这种安全的进单机会。

2.把握单边机会

在一轮下跌后的低位构底时，或者是在一轮上涨后的高位构顶末端时，这种能引发趋势反转的机会一定要珍惜，并且善于拿住单子分批止盈。因为处于大周期大形态相对高位，那么一旦非农数据行情利空向下变盘，有可能接下来就会是整个形态的向下变盘，反之也有可能是整个大形态向上变盘，也就是说非农行情的一根大阴线或一根大阳线为向空变盘或向多变盘的导火索，这种赚大钱的行情一定要珍惜。例如在非农数据发布当天，大形态变盘后，日K线在高位收大阴线或低位收大阳线，并且大阴线的下影线较短，大阳线的上影线较短，那么有可能一轮真正的单边行情即将展开。

3.把握区间行情

如果现在整体行情处于较大幅度的震荡区间行情，那么非农数据对黄金可能仅会产生短暂的影响，并不能影响大趋势转变，那么在非农数据发布当天，日K线极有可能会收大十字星线，随后再变盘选择方向。也就是说在非农数据公布后行情会宽幅震荡、上下来回波动，比方说先上涨后下跌或先下跌后上涨的行情，可以在先上涨后下跌的行情下轨做多单到区间上轨止盈，或在先下跌后上涨的行情上轨做空单到区间下轨止盈。试想一下如果日K线收大十字星线，那么在5分钟图或60分钟图中必然会发生上下来回震荡，其中心位置就是发布非农数据的区域位置。因此可在大波动产生修整震荡行情时，把握高空低多的机会，但一般都是形态规则时可操作，如果形态不规则，就放弃交易。

4.把握新趋势行情

在非农数据发布前一周，多头或空头力量都会开始慢慢变得谨慎，这期间许多投资者都会以观望为主，即使有交易也会很小心，因此日线图在这期间极可能会以震荡修整形态为主。当非农数据发布行情选择方向后，日线图可能会突破进行单边释放，重新变盘进入新的趋势行情。因此投资者可在非农数据发布之后根据大形态的变盘释放去把握顺势做单的单边行情交易机会。

四、如何迎接“非农之夜”

（1）从市场对非农数据的预期值和前值的对比看预期是利多黄金还是利空黄金。

（2）从大周期大形态到小周期小形态，全面分析非农数据日行情所处阶段位置，例如现在的行情是所处日线图大形态的上轨处、下轨处还是中轴处左右？或是现在行情所处一轮单边行情释放中途？经过由大到小分析，最后行情界面可放在60分钟图。

（3）根据60分钟图预判出几种可能性走势以及可能延续到的位置（上方分别的阻力位、下方分别的支撑位）

（4）有了预判后便可制定出各种行情走势的操作策略，并做好心理准备。

（5）行情公布瞬间多观察60分钟图、5分钟图和1分钟图，把握中继平台机会。

（6）执行和遵守原则，例如小资金投资者和新手在没有足够的把握时，就尽量回避。如有必要交易则要提前潜伏，最好是轻仓进入。

（7）非农数据仅是短暂的刺激影响，从上述讲解中可以发现，多次在非农数据发布日行情都处在形态的变盘区域，待非农数据发布后，后期才是真正大空间的波段行情机会，不要只图一时小利而错失后面一大波行情机会。

第八章
新手交易者的注意要点

导读

笔者在从业的过程中，经常对身边的交易者朋友陈述要注重道与术相结合的交易理念：天下万物皆不出道术。道不正则术不明，术不明则道难行，以道为本，以术御事。有道无术，术尚可求也，有术无道，止于术。学习术，却不正道，终是小器。从这个意义上来说，道是万物之本源，指的是万物存在的理，是事物的根基和根本，是生发一切的动力，提导一切的方向。万物没有道，就相当于失去了牢固的根基。同样，金融交易不出道术，道为理念，术为方法。到此明了：拥有正确的交易理念，是期货交易的首要根本。尤其是新进入交易行业的朋友，要么全心投入，要么很快就会从这个市场亏损后消失。有些朋友认为做国际黄金交易很容易，我要说这些都是错觉，也许只是运气好。国际黄金交易市场同样也是有经验的人获得了很多金钱、有金钱的人获得了很多经验的地方，在这个地方要偶有斩获虽然不难，但要频频得手并非易事。所以，新进入交易行业的朋友们，如果要想保证长期稳定的盈利状态，势必要有正确的交易理念作为最基本的前提保障。

Section 1

第一节 认清交易的先后逻辑

每个交易者在踏进交易行业后，都会考虑这些问题：我会经历哪几个学习阶段，我什么时候才能实现稳定盈利，我该怎么做才会尽快取得成功？因为一个人对一件事情的未来没有预期的话，是很难熬到最后的，所以接下来我们谈谈面对交易行业，我们必须经历的几个阶段，从而使大家在进入这个行业后，做到心中有准备。

1. 发现期

K线交易就是一个不断发现规律，总结规律再运用规律的过程，就看谁发现得多，总结得全，运用得巧妙。在交易之初，首先就要学习各种形态的图形形状，例如什么样的形态是箱体，什么样的形态是三角形，它们在大小周期中出现有什么不同含义，各种指标到底有没有用处，该怎么配合K线使用。而规律的发现，势必要配合较多的实盘体验，因为只有真正进入实盘，才能有真正的心得体会。但一开始进入实盘后，因为缺乏技术经验，一般是亏损的时候多，这就要求我们每次做单，务必要轻仓，不要想着靠一单就赚很多钱。

2. 总结期

进入实盘后，随着观察过的行情越来越多，心得体会也会越来越丰富，那么自然会把某些知识点串联起来，读书是一个把书由薄读到厚再读到薄的过程，交易也是一样，在学习过程中，也一定会伴随着各种总结，交易技术的心得体会也会经历由简单到复杂再到简单的一个过程，最后大道至简。所以我经常讲，学习交易的过程，就像补一张渔网一样，刚开始时这张渔网到处都是洞，有关于买点的、有关于止损的、有关于仓位分配的……当你看到每一个漏洞时，都要停下脚步，细致地钻研它，了解它，经历它。等到这个漏洞彻底补好了，再进行下一步。当你把所有的过程都经历了，最后自然能把所有过程都井然有序地串联起来，形成自己完善的交易系统。

3.运用期

当我们整套交易系统开始成型后，就要不断地运用到实盘中，继续试错并不断修正，使自己的交易系统和K线实盘多做融合，最后达到的效果是，无论K线行情怎么走，都逃不出自己所总结的交易系统，整套交易系统可以运用到任何有K线行情的交易品种中，做到在1分钟内，迅速找到最安全的进单位置、次安全的进单位置、止盈位、止损位等。

4.盈利期

经过不断磨合，我们的交易理念已经相对正确，也能明白了赚钱的核心是大赚小亏，盈利率不重要，重要的是盈亏比等，同时我们也深刻体会到“要把盈利当作是控制风险时的意外所得”这句话的真正含义。

这时我们的交易系统也已经相对稳定了，几乎可以做到只操作符合自己的行情，明白了不是在什么位置都可以操作，不是什么样的钱都能去赚。例如至少做60分钟图以上形态的变盘和形态释放后的单边行情，或者只操作日线图以上形态的区间行情和形态变盘后的单边行情等，其他大部分时间可能我们都在等待时机，等符合自己进单的位置来临，再一击即中。俗话说，三年不做单，做单吃三年。

Section 2

第二节 踏准行情的交易要点

通常在交易前我们应该再三思考，经过反复斟酌后再下单。在交易前制定周密的策略是非常有必要的。因为如果缺少有策略的交易系统作为支撑，下单交易后，你的注意力和情绪便已随价格波动而去，买进成交后无法冷静下来思考，只好随机应变，此时做出的计划往往都是盲目的、草率的、欠缺周全性的，这样所总结的交易系统根本不能在实盘中发挥作用，和一个刚入行的新手可能没有太大差别，长期这样将养成不良的操作习惯，这将会成为我们成功路上的绊脚石。所以我们在交易前，一定要掌握几点大的方向。

1. 踏准趋势

趋势是交易中的重要方向，有趋势就顺势而为，挣大钱，例如在一个大形态变盘释放后的单边行情中；没趋势就短线快进快出赚小钱，例如在5分钟图或60分钟图中的震荡区间内。看懂趋势就重点交易，看不懂趋势就少量交易或慎重交易。趋势可决定成败也可决定盈亏幅度，掌握趋势才能把握未来，这一点非常重要。

2. 踏准节奏

行情运行是有规律性的，例如波浪理论。有时消息的影响只是暂时的，要从不同行情位置中观察节奏分析，预判接下来的运行方向。例如所处高位的形态向下变盘后面临释放，一般破位后可能反弹一下反阻力位，随后再真正开启下跌行情，这种运行节奏要形成规律效应。看懂行情运行节奏，才能做到买卖自如、得心应手，心里才越有底，行情才越会在掌握范围之内。

3.踏准点位

这里的点位包括支撑和阻力点位、向上突破点位、向下跌破点位、买入点位、止盈点位、止损点位、第一到第三个分批止盈点位等。点位看得越多，交易策略就越健全，行情接下来的每一个波动触及的每一个点位都会在预计范围内。只用这样才能做到以不变应万变。

4.踏准信号

信号分为变盘信号、起涨信号、转跌信号、突破信号、受支撑信号、受阻力信号等，一旦信号出现就可以立即交易，当预计行情瞬间突破或跌破某个位置会产生极速行情时，也可以通过提前挂单的方式，到达点位自动成交。信号的一般观察方式为，要通过对大周期小周期的相互转换分析，举例预计接下来可能快要到达日线图形态的支撑位了，可以切换至60分钟图或者5分钟图，细致观察下跌浪型是否释放完全，是否产生了底背离面临上涨等，这样就能更及时的进行平仓操作，反之当所处进单位置时也是由大到小周期进行操作。

Section 3

第三节 寻找安全的交易位置

在金融交易当中，我们主要的目的是去寻找可交易的安全位置。因为只有买点相对正确，产生一买即赚的可能性才会最大，而只有持有盈利单才是最安全的交易行为。并且只有买点相对正确，设置的止损位才有实际意义。但是很多投资者容易忽略在交易中最重要的一点就是去寻找安全位置交易。那么K线行情中有哪些位置属于安全位置？

1.支撑位

在支撑位买进多单一般比较安全，特别是在同一个位置出现多次支撑现象形成下轨，或者是在低点逐渐抬高，构底以后买进多单，例如在箱体或三角形的下轨处买进多单。还有一种就是向上突破之后再回踩至原上轨或中轴处，出现反支撑现象时买进多单。这些都是买进多单比较安全的支撑位置。

2.阻力位

在阻力位买进空单一般比较安全，特别是在同一个位置出现多次阻力现象形成上轨，或者是在高点逐渐降低，构顶以后买进空单，例如在箱体或三角形的上轨处买进空单。还有一种就是向下跌破之后再反弹至原下轨或中轴处，出现反阻力现象时买进空单。这些都是买进空单比较安全的阻力位置。

3.突破位

突破位是指起涨信号或转跌信号等信号瞬间突破的位置，向上突破重要位置则买进多单，向下跌破重要位置则买进空单，突破位会在不同位置中出现，而最安全的位置是有条件的，最安全的位置必须出现在长时间蓄势之后的大形态的突破位（例如箱体突破上轨或下轨）、在变盘区域后的突破位（例如三角形变盘区域后的突破位）还有在市场投资者的心理防线被突破（跌破）时。

4.中继位

上涨中继平台和下跌中继平台也是买进多单和空单较安全的区域。例如在大形态向上变盘后，我们首先要明白，一轮大周期大形态震荡修整后的变盘，都会伴随着一轮此级别的单边上涨行情幅度，不太可能出现一轮日线级别形态的变盘释放，后面跟随的是一轮60分钟图级别的上涨幅度这类现象。也就是说一般在大形态向上变盘突破后的初期，行情接下来都会有相对级别的延续性，这样就可以在本周期图或切换至相对小周期图中，去寻找上涨中继平台。需要注意一点，一般在一轮行情单边上涨初期形成小中继平台时，小形态的低点都是逐渐抬高的，也就是说可以在小形态的下轨处做单，设小形态前低点处为止损位，如果上涨力度强，一般都不会跌破前低点，这样就符合赚大钱的标准——小亏损大收益。什么时候有可能出现小亏损——在近损位做单；什么时候可以实现大收益——持长。反之下跌中继平台一样的道理。

5.近损位

近损位是指技术图形上离买点比较近的支撑位置或阻力位置，一旦跌破这个位置，行情就有可能继续创新低，一旦突破这个位置，行情就有可能继续创新高。所以为了不延续更大的亏损幅度，一般会设置止损位防范风险。看好的买点离支撑位或阻力位越近就越安全，因此我们需要承担的风险也就越小。当然近损位设置的意义是根据买点来的，如果买点相对精准，那么设置近损位就有意义，因为一旦发生突破或跌破，我们就可以控制住风险。但如果一个单子买点位置不精准，那设置近损位的意义就不大，原因一是行情按照预期进行的可能性比较小，二是被白白扫损的可能性大（具体参考《期货交易盈利策略》）。

Section 4

第四节 养成良好的交易习惯

想要获取高杠杆的高收益就要用最佳状态去交易，不要心烦意乱，更不要疲惫不堪，一定要振作精神，在精力充沛的情况下作战交易。在交易的过程中我们要牢记各种原则，时刻自我提醒，避免养成为所欲为的不良习惯。若想要有较安全的交易体系，就必须先建立健全的交易原则，养成良好的交易习惯。

1.多休息

休息有时错过的不是利润，而是风险。休息可以调节状态，休息可以等待下一次机会，休息可以总结经验。特别是如果看盘时间超过两三个小时，建议先离开电脑，出去看看再回来看盘，或许回来时会有不同的观点。就像人做事情一样，不要太冲动，静下心后再回头做决定。人的情绪是存在波动的，特别是在国际黄金投资过程中，如果情绪不好、状态不佳的时候最好不要看盘，多休息，调节状态之后再看盘。

2.善于总结

错误是由于无知犯下的，经验是靠总结出来的，成功就是在犯的错误多了，不断总结后产生的，不善于总结的人就会重复犯错。所以在交易后一定要时刻用心去总结，每总结一次，把好的习惯留下，不好的习惯抛弃，就可以少犯一次错误，就会有新的突破。成功没有捷径，只有每天进步一点，才有改正的机会。就像笔者一样，之所以能在这个行业有所成就，就是因为善于总结。只要我想起一些技术要点，都会拿纸写下来或记在手机上，一是怕忘记重要知识点，二是起到加深记忆的效果。最后用文字记录的知识点大概有几百万字，对整套盈利交易系统的建立，起到了决定性的作用。

3. 敢于纠正

总结的错误需要严格纠正，若只总结不纠正便成了纸上谈兵，问题不解决就会一直存在，反复出现，成为往后进步的障碍。在人生中也是一样，要敢于面对自己无数次的失败、挫折和痛苦，人都是大破大立，小破小立，不破不立。破，有风险，但不破，会一辈子都站不起来。

4. 果断止损

在资金许可的情况下，很多时候，或许不执行止损也可以逃过一劫，但是一旦养成了这样的坏习惯，如果出现一次一去不复返的行情，只需一次，那么那次重伤足以侵蚀掉你辛苦得来的所有获利。而更大的损失是，在你不断更改你的止损位的同时，你也失去了重新入场的客观心情与机会。如果我们不能接受系统中出现的小亏损，那也就享受不到大幅盈利所带来的震撼。在交易中，亏损只是我们为了获得最终胜利所必须付出的代价。

5. 控制仓位

对于刚进入交易行业的投资者，在前期因为没有掌握正确的交易理念并且操作系统不完善等，很容易产生亏损。在交易中仓位控制恰当，一是可直接降低风险，二是可直接控制自己的心态，那么对于止损、持长等原则，都会起到促进作用。尤其在开始学习阶段，一般每次下单，最多不超过总仓位的五分之一，等到心态和技术都趋于稳定时，再适当调整。

Section 5

第五节 培养全面的风险意识

在我们的交易过程中，最重要的事情就是控制风险。就像玩五子棋一样，当你总是想赢，一直只看自己的棋子，最后输的可能性非常大，但如果你能努力不让对方连成线，那么最后赢的可能性非常大。所以应该如何实现盈利？盈利就是不断地去控制亏损防范风险，最后自然可以赚到钱，而如果一直把心思放在盈利上，最后亏损的可能性非常大。所以在想要盈利之前，首先要对风险有全面的认识和理解，先知道会遇到哪些风险才会增强风险意识，最后才明白如何制定一套控制风险的方法和原则。国际黄金投资当中有很多种风险，可分为三大类：第一类是市场本身存在的风险，例如系统风险、信用风险、宏观调控风险、政策风险等风险。第二类是应用中的潜在风险，例如交易所平台的非系统风险、网络中数据出错、内部管理不当等。比如2013年8月光大证券事件。这些也会给投资者带来潜在的风险。第三类是投资者自身因素的风险，例如交易理念不正确、没有盈利交易系统、交易不果断、情绪不稳定、原则不遵守、不注重学习，也可称为投资者的自身行为风险。以下笔者主要讲第三类投资者自身存在的心态风险和技术风险，以及风险的排除。

1.风险的分类

心态风险主要分为以下几种：

（1）盲目风险。刚进入市场，势必会面临分析不够全面、考虑不够周全、理解不够透彻、策略不够完善等问题，然后草率地去操作，盲目去交易，一会做空单一会再做多单，不断地频繁交易频繁止损。刚进入市场时不要急于交易，而是要多观察多学习，不要指着上来就赚大钱。

（2）贪婪风险。笔者以前讲过，做交易盈利率不重要，重要的是盈亏比，也就是说在亏钱的时候要小亏，在赚钱的时候要大赚，但如果连该赚大钱的时候也不赚，那也是有违交易真理之道的。所以做交易有时的确需要贪婪，例如在遇到一次日线级或周线级别的大行情时，必须持长，并且加以正确的操作理念为前提，例如分批止盈，有盈利了先止盈一些，剩下的设保本损或者移动损去零风险博取。但有的交易者是毫无策略地想赚大钱，例如原本赚钱的仓位，应该分批止盈了，但他还去重仓加码，最后反而亏钱了；或者他不知道分批止盈，想赚更多，最后行情反向导致亏损了，又继续扛单。这些都是贪婪的思想造成的，同时不要指着一次行情就要大赚特赚。

（3）犹豫风险。该进单时不买进，导致错失最安全的交易点位；该卖出时不卖出，错失赚钱或保本的机会；该止损时不止损，还一直在更改止损位。犹豫是交易中的大忌，因为高风险高利润的行情，本身波动幅度就快，一个念头闪过没有去执行，后面就会造成一步错步步错的尴尬境地。笔者常讲，见到一点点利润就跑不行，见到一点点亏损就跑也不行，有了大利润不走一些不行，等有了大亏损才走也不行。而到达这些能决定整体仓位盈亏的位置时，就一定要果断坚决，只有长期养成这样的交易习惯，才能适应高杠杆的市场。

（4）急于求成风险。每个人进入交易行业都想着赚钱，这个无可厚非。但是大家要明白，上天是公平的，几乎所有的行业都是有经验的人才能赚到很多钱，尤其在这高风险高收益的行业之中。所以在进入交易行业之初，一定要对这个行业抱有畏惧心理。笔者常讲，要想在这个行业偶有斩获很容易，但想频频得手绝非易事。有可能你在某一单盈利的结果和那些有大量实战经验的老交易员是一样的，甚至结论都相同，但是你只是转了一个弯，他却转了十个弯，大道至简，必须要经过由繁至简的过程，你得到的盈利也许只是运气，而他们得到的盈利却是精髓，不是同一个东西。如果一位有经验的过来人能告诉你后面的精髓是什么，或许能让你缩短学习的过程，但你必须经历学习的阶段。

技术风险主要分为以下几种：

（1）没掌握技术要点。许多人对K线技术都只是懂得一些表面知识，运用的交易系统一直处于半对半错的状态，更不知道如何去修正完善自己的交易体系，问题的核心在于总结的知识点不够透彻。例如头肩底形态，行情跌到右颈线下轨处时，除非出现几次低点抬高，否则是不好进单的。头肩底右颈线所处的位置其实只是整体区间中轴左右，中轴处是是行情上下没有预期的位置。而真正到了头肩底的底部，其实是处于整体区间的下轨了，这样的进单位置才是盈亏比高的位置。再例如，很多人懂得了如何观察箱体、三角形等形态，也会做这个形态区间内的高空低多行情，也清楚在这个形态未来变盘后做单边行情，但却忽略了预期变盘方向的问题，例如是否有根据大周期的分析，来观察现在这个三角形态所处大周期大形态是处于相对上轨处相对高位，还是所处相对下轨处相对低位？还是此时处在更大形态变盘后的单边释放过程中？为什么要在意预期变盘方向呢，因为其决定了如果我们要操作这个小形态，尤其在变盘末期时，是尽量高空还是尽量低多的问题。如果这个小形态处在一个大形态向下变盘的单边行情释放初期，那肯定是尽量在上轨处做空而不是下轨处做多，因为所处的整体趋势就是向下。所以只有掌握了真正技术要点的核心，才可以在交易市场做到稳定盈利，而不是偶尔靠运气获取盈利。

（2）没重视大道至简。几乎所有的指标都有滞后性，因为所有的指标都是根据K线的走势得出的，所以这也是笔者一直做K线形态（裸K线)的原因，想要交易技术有所突破，最重要的一点就是要摒弃各种复杂的技术指标，尤其是有的交易者自己调试各种参数，以为得到了盈利的秘籍，其实最后赚钱的几次也只是靠运气罢了。交易者学习交易技术的确要经历由简单到复杂、再由复杂到简单这样一个过程。但就交易系统而言，简单的不一定是正确的，但是复杂的一定是错误的。交易系统越简单越好，简单的东西用到极致，就是高手。因为在交易市场中，复杂交易几乎就等同于“风险无法控制”。系统越复杂，犯错的可能性就越大。

还有一点，一定要减少交易次数，首先，一天中没有那么多的60分钟图级别以上的趋势，更多的是5分钟图和1分钟图这样的小机会。而只有做大行情大位置，才是赚大钱的前提。再者，行情的交易位置交易机会都是分为三六九等的，有的位置很安全，有的位置只能是后备选择，并且不可能在每次看行情时，当下都是适合进单的位置，善猎者必善等待，所以从交易机会上来讲，要学会挑挑拣拣，只挑选形态大的、规则的、安全的交易机会。金融市场不是怕没有机会，而是怕有太多的机会。就怕你的钱，被莫名地亏光了。在这纷纷扰扰小概率与大概率事件混杂的市场当中，我们要去找到可以赚钱的大概率机会的位置。每一次交易要深思熟虑，在严格执行止损的前提下，去“赌”大势。静心等待属于自己的机会，设置合理的止损位，去发现属于自己的波段行情。我们可以把杰西·利物莫的一条金言常记心中：“钱是坐着赚来的，而不是靠操作赚来的。”

（3）没严格执行交易规则。在买进仓位后不久，如果我们发现买在了震荡区域中轴左右，行情进入了横盘或震荡的局面，也不确定横盘之后是会向上突破还是向下突破，横盘之后会不会诱多或诱空，在这种情况下，一旦我们发现没在正确的位置进单后，应尽量保本或小亏损出局，等到行情处于上轨或者下轨时再高空低多进行操作，或者等到形态变盘后再做单边行情。有的风险是突发性的，难以预防，但大多数风险是可以预防的，更是可以控制和回避的，例如在小周期趋势中不做单，在方向不明时不做单。给自己定下原则，用规则来控制自己的不良交易行为。就算有再好的行情，有再正确的交易理念，有再高的技术，如果不能严格要求自己，不能严格去执行交易原则，一切都是徒然。不能执行交易原则，就像一个人在生活中没有底线一样，这种人势必不会取得较大成功。在交易中只有做到知行合一，才能取得成功的圣杯。

2.风险的排除

认识各种风险是为了了解防范风险的重要性，在此之后还要同时懂得如何主动去降低风险，并主动排除风险，甚至将风险化为零。做风险投资，能把风险降到最低，甚至化为零风险，才能算真正成功的投资者。千万不要只看利润，而忽略了直接风险和潜在风险，风险时刻都在我们身边，随时都有可能发生。

（1）保本第一。排除风险的第一步是就是保本。如何尽量做到保本呢，首先就是在近损位或绝对损位做单，也就是说即使这次没赚到钱，也只是小损失，不至于伤元气，这就要求进单位置一定要精准，退一万步讲，一定要善于等待较安全的、盈亏比较高的位置。其次，进单后，如果有盈利，要抱着短线变波段再变中线的原则。意思是，首先在选择买点上，要尽量选择大形态大空间大机会，那么短线一旦有盈利后，可以先平部分仓位，剩下的单子立即设好保本损位或移动损位，这样一来，剩下的较大仓位就可以零风险去博取接下来的更大空间了，即使没有大赚，最差的情况也就是保本出掉，并且千万不要让盈利的单子再变为亏损的，大不了平仓再重新寻找安全的交易机会。大家认真思考下，如果每次都按照这种正确的交易理念执行，保证每次只是小亏或者不亏，那么迟早有大赚的时候，这就是交易的精髓所在，这些既属于正确的交易理念，又属于严格执行的正确的交易系统。长此以往，必能实现大赚小亏。

（2）安全位置。排除风险的第二步就是寻找安全位置去交易，尽量将风险化为零。以笔者多年总结的交易系统为例，一般在以下几种条件下，才会进行交易。首先是形态务必要规则，最好是规则的箱体或是三角形。其次形态最好以日线图形态或者60分钟图这类大形态以上为操作周期，因为操作的形态越大，盈亏比越高，趋势越明朗，进出空间越大。随后根据对日线图的分析，如果条件符合的话，看形态所处相对位置，是处于相对上轨高位，还是处于相对下轨低位，并预计其变盘方向，随后再切换至60分钟图进行细致观察，寻找形态上轨做空的位置和下轨做多的位置，但如果现在行情处于形态的中轴左右，此时笔者是不会进单的。因为之前有对形态变盘方向的预判，所以明白应尽量在上轨处做空还是尽量在下轨处做多。假设形态所处相对高位上轨，预计其向下变盘的可能性大，在震荡修整末期，尽量在上轨处做空后，到达下轨处短线止盈，剩下的单子零风险持有去博取整个形态的向下变盘。如果形态按照预期向下变盘，在跌破下轨的瞬间，切换至5分钟图和1分钟图去观察是否有下跌中继平台，如果有的话，在中继平台的上轨处设止损位做多，去博取整个三角形态变盘后的向下单边行情。所以综上所述，笔者做单的安全位置为，在形态规则且较大的前提下，形态的上下轨处为进单位置（二、三次探顶或探底处），形态变盘后突破后为进单位置（顺势单边行情）。如果我们能在这些安全的位置进场，其实已经能获取足够盈利了，其他不安全的位置都可以舍弃。

本章综述，做交易，其实根本出发点，是以控制风险和控制亏损为基本目的，而不是以盈利为基本目的。如果你不是以盈利为首要出发点，而是抵御着防范着产生亏损的各种因素，努力地做到控制风险，那么在任何时候只要不让资金走势出现大幅回撤，我们就可以很容易做到轻仓、顺势、止损等。如果我们的盈利系统的关注点全部用在怎样避免亏损上，只要坚持不被清出局(还拥有交易的本钱），总会有抓到好牌的一天。顶级交易者不会追求盈利最大化，只会不断控制风险，只把盈利当成是控制亏损时的意外所得。所以在学习过程中，我们要把至少一半精力放在学习风险管理上，包括如何避免风险、防范风险、控制风险等，只有把风险控制做好了，才能体现出交易技术的成功。